예수님의 선교

네비게이토 선교회는
국제적이며 복음적인 기독교 기관이다.
예수 그리스도께서는 자기를 따르는 자들에게
"너희는 가서 모든 족속으로 제자를 삼으라"
(마태복음 28:19)는 지상사명을 주셨다.
네비게이토 선교회는 세계 모든 국가에서
예수 그리스도의 일꾼들을 배가시켜
이 지상사명의 성취를 돕는 것을
근본 목표로 하고 있다.

네비게이토 출판사는
네비게이토 선교회의 문서 선교를 담당하고 있다.
본 출판사에서는 그리스도인의 영적 성장을 돕는
서적과 자료들을 출판하여,
그리스도인의 삶의 기초가 견고한
헌신된 제자로 성장하게 하고,
나아가 성숙한 인격과 지도력을 갖춘
일꾼이 되도록 돕고 있다.

표지 그림은 어부가 사용하는 그물인데,
제자들을 훈련시켜 사람 낚는 어부로 만드신 예수님의 사역을
상징적으로 나타낸 것입니다. (마태복음 4:19)

예수님의 선교

THE MISSION OF JESUS

하워드 벨벤

HOWARD BELBEN

TO KNOW CHRIST AND TO MAKE HIM KNOWN

차 례

저자 소개 ·· 7
추천의 말 ·· 9
머리말 ·· 11

1. 예수님의 태도 ·· 13
   (1) 부르심을 확신하심 ···························· 14
   (2) 사람들을 진정으로 사랑하심 ··············· 17
   (3) '버림받은' 사람들을 돌아보심 ············· 21
   (4) 정죄하기를 더디 하심 ························ 27
   (5) 사람들의 가능성을 보심 ····················· 32
   (6) 쉽게 포기하지 않으심 ························ 36
   (7) 사람을 전인(全人)으로 보심 ················ 39
   (8) 다른 사람들을 위해 자신을 허비하심 ····· 43

2. 예수님의 접근 ·· 51
　(1) 사람들의 친구가 되어 주심 ···························· 52
　(2) 사람들의 '현 위치'에서 출발하심 ··················· 58
　(3) 사람들의 말에 귀를 기울이심 ························· 61
　(4) 문제의 뿌리를 찾으심 ···································· 63
　(5) 사람들의 질문을 진지하게 받아들이심 ············ 65
　(6) 때때로 부탁을 하심 ·· 68
　(7) 억지로 강요하지 않으심 ································· 71

3. 예수님의 방법 ·· 77
　(1) 사람들을 찾아다니심 ······································ 78
　(2) 때때로 두 사람을 함께 다루심 ························ 82
　(3) 함께 식사를 하심 ·· 84
　(4) 가정을 사용하심 ·· 88
　(5) 사람들을 훈련하는 데 많은 시간을 들이심 ······· 92
　(6) 가르치는 방법이 중요함을 아심 ······················ 99
　(7) 성경 말씀으로 가르치심 ······························· 101
　(8) 양자택일의 결단을 요구하심 ························· 105
　(9) 주님 자신에 대한 명확한 믿음을 갖도록 이끄심 ······ 107
　(10) 할 일을 주심 ·· 112
　(11) 메시지와 능력을 받기 위해 아버지께로 나아가심 ··· 115

저자 소개

하워드 벨벤 목사는 훌륭한 전도자들을 많이 배출해 온 저명한 복음주의적 성서대학인 영국의 클리프 대학의 학장을 역임했으며, 지금도 말씀을 전파하고 가르치는 사역에 적극적으로 자신을 드리고 있습니다.

추천의 말

부활하신 바로 그날, 예수님께서는 제자들에게, "아버지께서 나를 보내신 것같이 나도 너희를 보내노라"(요한복음 20:21)고 말씀하셨습니다. 예수님께서는 우리의 선교 사역에서 우리에게 능력 주시는 분이실 뿐 아니라 우리의 모본이십니다.

예수님께서는 선교 사역을 어떻게 시작하셨습니까? 예수님의 태도와 접근 방식은 어떠했습니까? 더욱 효과적인 선교를 하기 위해, 우리는 예수님의 생애와 사역으로부터 무엇을 배울 수 있겠습니까?

저자는 태도와 접근 방식, 방법의 측면에서 예수님의 선교를 잘 분석하여 알기 쉽게 설명해 주고 있습니다. 이 책에서 어떤 특별한 견해를 주장하려는 의도는 전혀 찾아볼 수 없습니다. 저자는 성경 말씀에 충실하며 그 말씀을 통해 직접 배울 수 있게 합니다.

저자는 예수님의 사역에서 이끌어 낸 실제적인 제안을 많이 하고 있는데, 이는 자신이 곧 '보내심을 받은 자'라는 사실을 진지하게 받아들이는 그리스도인이라면 누구나 적용할 수 있는 것입니다. 자신의 사역이 예수님의 사역과 일치되기를 바라는 모든 분은 많은 기도와 묵상 가운데 이 책을 읽기 바랍니다.

제리 브릿지즈

머리말

　많은 그리스도인들은 한때 아무것도 그들의 복음의 행진을 중지시킬 수 없을 것이라 생각했습니다. 교회는 전 세계가 복음화될 때까지 승승장구할 것 같았습니다.
　그러나 오늘날 옛날의 낙관적인 생각들은 거의 사라지다시피 했습니다. 인본주의 철학과 세속주의, 물질주의의 만연, 동양 종교의 부흥 등으로 인해 복음의 진보는 저지되어 왔고, 그리하여 오늘날 세계적으로 비그리스도인들의 수는 그리스도인들의 수보다 더 빠른 속도로 증가하고 있습니다.
　이러한 배경하에서 우리는 오늘날 선교의 과업을 생각해야 하는 것입니다. 우리는 최초의 원리에 눈을 돌리지 않을 수 없습니다. 비록 과거 어느 시대보다 지금의 세계가 신약성경이 기록될 무렵의 세계와 다른 것처럼 보인다 할지라도, 이러한 최초의 원리가 과연 무엇인지 알아보기 위해 우리가 되돌아가야 할 곳은 신약성경입니다.
　예수님의 생애와 가르침에 대한 책은 많이 나와 있지만, 그분의 선교에 대한 책은 많지 않습니다. 이 책에서 우리는 예수님의 전 생애를 다루지는 않을 것이며, 또한 그분의 가르침도 부수적으로만 살펴볼 것입니다. 여기에서는 주로 그분이 사람들 사이에서 일하시는 모습을 살펴보고자 합니다.

우리 모두는 먼저 전문가가 행하는 모습을 지켜본 후, 본 바를 따라 해봄으로써 효과적으로 배우게 됩니다. 본서에서 우리는 선교 분야에서 역사상 가장 위대하신 전문가께서 선교하시는 모습을 관찰해 보고자 합니다. 그 다음 관찰한 바를 따라 행하는 것은 우리가 해야 할 일입니다.

I 예수님의 태도

(1) 부르심을 확신하심
(2) 사람들을 진정으로 사랑하심
(3) '버림받은' 사람들을 돌아보심
(4) 정죄하기를 더디 하심
(5) 사람들의 가능성을 보심
(6) 쉽게 포기하지 않으심
(7) 사람을 전인(全人)으로 보심
(8) 다른 사람들을 위해 자신을 허비하심

어떤 사람의 태도를 두고 이야기할 때, 그것은 신체적인 자세 훨씬 이상의 것을 뜻합니다. "그 사람의 태도는 싫어"라는 말은 공격적이거나 성미가 급한 사람을 두고 하는 말입니다. "그 사람의 태도는 마음에 들어"는 친절하고 관대한 사람을 두고 하는 말입니다.

우리의 태도는 우리 자신과 다른 사람들에 대한 우리의 사고방식을 나타냅니다. 수줍은 사람, 자의식이 강한 사람, 겁이 많은 사람, 꼼꼼한 사람, 조급한 사람, 섣부른 사람, 도전적인 사람 등은 그들이 말 한마디 하지 않아도 그 자신들에 관한 무언가를 나타내 주고 있습니다.

그리스도인의 태도는 선교의 효율성에 크게 영향을 미칠 수 있습니다. 태도가 이처럼 중요하기 때문에, 우리는 예수님의 태도를 살펴봄으로써 사람들 가운데서 일하시는 예수님에 관한 연구를 시작하도록 하겠습니다.

(1) 부르심을 확신하심

예수님께서는 절대적인 확신이 있었습니다. 그러나 그것은 소위 자기 과신과는 달랐습니다. 예수님께서는 부르심에 대한 확신이 분명했기 때문에 확신 있게 행동하셨습니다. 예수님께서는 하나님께서 자신을 보내셨다는 것을 알고 계셨습니다.

예수님께서는 성령의 능력으로 무장하신 다음 갈릴리에서 그 놀라운 사역을 시작하셨습니다(누가복음 4:14). 고향인 나사렛의 회당에서 처음으로 말씀을 전하시는 기회를 갖게 되었을 때, 예수님께서는 이사야 61장에 나오는 말씀을 읽으셨습니다. "주의 성령이 내게 임하셨으니, 이는 가난한 자에게 복음을 전하게 하시려고 내게 기름을 부으시고…." 읽으신 후 예수님께서는 "이 글이 오늘날 너희 귀에 응하였느니라"고 말씀하셨습니다(누가복음 4:16-21). 참으로 확신에 찬 말씀이었습니다.

가버나움에서는 사람들이 예수님을 계속 그곳에 머무시게 하고 싶어 했지만, "내가 다른 동네에서도 하나님의 나라 복음을 전하여야 하리니, 나는 이 일로 보내심을 입었노라"(누가복음 4:43)고 말씀하셨습니다.

'보내심을 입었다'는 말은 예수님께서 즐겨 사용하신 말 가운데 하나였습니다. 특별히 요한복음에는 그것이 강조되어 나타나 있는 것을 볼 수 있습니다. 예수님께서 하나님으로부터 보내심을 받으셨다는 것에 대해 말해 주는 다음 구절들을 찾아보기 바랍니다. 좋은 공부가 될 것입니다. 요한복음 5:36,38, 6:29,57, 7:29, 8:42, 10:36, 11:42, 17:3,8,21,23,25, 20:21. 이상의 구절들에서 '보내다'로 번역된 말의 원어는 '아포스텔로(apostello)'로서, 여기서 '사도(使徒, apostolos)'라는 말이 나왔습니다. 사도란 '보냄을 받은 자'라는 의미입니다. 그러나 '보내다'와 같은 의미를 전달하기 위해 사용된 헬라어는 많습니다. '아포스텔로'도 그중 하나입니다. 요한복음에서는 '보내다'를 의미하는 또 다른 단어인 '펨포(pempo)'가 예수님께서 보내심을 받았다는 것을 나타내는 데 훨씬 더 자주 사용되고 있습니다.

예수님의 태도 15

예수님께서 보내심을 받았다는 의미는 물론 독특합니다. 그러나 이 말이 보내심을 받는 것이 예수님께만 해당되고 우리 보통 그리스도인과는 아무 관계도 없다는 말은 아닙니다. 요한복음에서 예수님께서는 하나님께서 자기를 보내신 것과 자기가 제자들을 보내시는 것을 직접 연관시키셨습니다. 대제사장으로서의 기도 가운데 예수님께서는, "아버지께서 나를 세상에 보내신 것같이 나도 저희를 세상에 보내었고"(요한복음 17:18)라고 말씀하셨으며, 또 첫 부활절 날 저녁에는 제자들에게 "아버지께서 나를 보내신 것같이 나도 너희를 보내노라"(요한복음 20:21)고 말씀하셨습니다.

　　우리가 자신을 사도라 부르지는 않지만, 우리도 마찬가지로 '보내심을 받은 자들'입니다. 왜냐하면 사도들에게 주신 지상사명은 우리에게로 전수되어 왔기 때문입니다. "내가 저희를 세상에 보내었다"는 말씀은 우리에게도 적용됩니다. 우리는 예수님께서 '교회에'라 하시지 않고, '세상에'라고 하셨다는 사실을 잊어서는 안 됩니다. 너무나도 오랫동안 교회는 어떤 이들에게 세상으로부터의 도피처가 되어 왔습니다. 그러나 위의 말씀에서 이제 우리의 사명을 재발견하게 됩니다. 이 세상은 하나님의 것이요, 하나님께서는 우리를 세상에 보내시는 것이지 세상에서 데려가시는 것이 아니라는 사실을 새롭게 깨닫게 됩니다(요한복음 17:15). 주님께서는 우리를 세상에 보내시되, '아버지의 이름'의 능력으로 지켜 주십니다(요한복음 17:11).

　　그러므로 그리스도인이라면 누구나 예수님처럼 자신의 부르심을 확신할 수 있습니다. 그는 예수님처럼 세상에 살면서도 세상의 적대감에 위축되지 않으며 세상을 거만하게 경멸하지도 않습니다. 그의 확신은 거만한 자기 확신과는 다릅니다. 그것은 하나님께서 주신 확신으로, 하나님께서 자기를 보내셨다는 것을 아는 사람만 가질 수 있습니다.

오늘날 그리스도인들 사이에 확신의 위기가 있습니다. 세속화된 시대에 살고 있다는 것을 의식한 나머지 이런 확신을 갖지 못하는 수가 있습니다. 많은 그리스도인들의 사기는 저하되어 있고, 세상을 대하는 그들의 태도는 이를 잘 반영하고 있습니다. 예수님께서 가지셨던 것과 같은, 부르심에 대한 확신을 회복하는 일이 우리의 급선무요 큰 필요입니다.

(2) 사람들을 진정으로 사랑하심

사람들에 대한 예수님의 사랑은 당시 사람들이 보통 알고 있는 사랑과는 너무나 달라서, 신약성경의 기자들은 그 당시 거의 알려져 있지 않았으면서도 세속에 전혀 오염되지 않은, 지극히 고결하고 순수한 절대적 사랑을 나타내는 단어를 찾을 필요성을 느꼈고, 이렇게 해서 찾아낸 단어가 '아가페(agape)'였습니다. 그들은 이 아가페라는 단어를 써서 예수님의 사랑 곧 특유의 기독교적 사랑을 표현했습니다.

제자들이 배우는 일에 더디고 자주 실망을 안겨 드리곤 했지만, 예수님께서는 이 모든 것을 덮는 끊임없는 사랑으로 그들을 사랑하셨습니다. 요한은 예수님께서 제자들의 발을 씻기신 일을 기록하기에 앞서, 예수님의 사랑을 언급하고 있습니다. "세상에 있는 자기 사람들을 사랑하시되 끝까지 사랑하시니라"(요한복음 13:1). 예수님께서는 지금까지 그들을 항상 사랑하셨는데, 이제는 그들을 향한 자기의 사랑을 최대로 끝까지 보여 주신 것입니다.

그러나 예수님께서 열두 제자만 사랑하신 것은 아니었습니다. 요한복음 11:3,35 이하에서 보듯이, 열두 제자의 무리에 들지 않은 친구들에 대해서도 동일한 사랑을 보이셨습니다. "보라. 그를 어떻게 사랑하였는가!" 예수님께서 나사로를 위해 우는 사람들을 만나사 눈물을 흘리시는 모습을 보고 유대인들이 한 말입니다.

그러나 친구들에 대한 이러한 사랑보다 더 두드러진 사랑은 젊은 부자 관원에게 보여 주신 사랑입니다. 그는 예수님의 부름을 거절할 사람이었습니다. "예수께서 그를 보시고 사랑하사"(마가복음 10:21). 얼마나 놀라운 사랑입니까!

무엇보다도 놀라운 사랑은 자기를 십자가에 못 박은 사람들을 향해 십자가 위에서 보여 주신 사랑입니다. "아버지여, 저희를 사하여 주옵소서. 자기의 하는 것을 알지 못함이니이다"(누가복음 23:34)라고 부르짖으실 때, 주님께서는 친히 산상수훈 가운데서 다른 사람들에게 가르치셨던 그 사랑(마태복음 5:44)을 몸소 실천하셨던 것입니다. 주님께서는 십자가에 달려서 그 육체의 생명이 서서히 꺼져 가는 지극히 고통스런 상황 가운데서도 자신을 그토록 악독하게 십자가에 못 박은 원수들을 사랑하시고 그들을 위해 기도하신 것입니다.

이와 같은 예수님의 사랑에 가식이라곤 전혀 없었습니다. 예수님께서는 하나님의 사랑을 받을 만한 자격이 눈곱만큼도 없는 사람들을 향한 하나님의 사랑에 관해 말씀하셨는데, 그 말씀들은 다 진실이었습니다. 왜냐하면 말씀과 행동이 정확히 일치하기 때문입니다. 그것은 예수님께서 어떻게 사셨고 어떻게 죽으셨는지를 보면 금방 알 수 있습니다. 예수님께서는 진정으로 사람들을 사랑하셨습니다. 심지어 자기를 증오하고 죽이는 사람들까지도 사랑하셨습니다.

대부분의 그리스도인들은 도무지 사랑이 가지 않는 사람들에게 사랑을 보여 주기가 힘들다고 느낍니다. 그래서 목사들은 때로, "우리가 좋아하지 않는 사람들을 과연 사랑할 수 있을까요?"라는 질문을 받습니다. 하나님을 떠나서는 아마 "아니요"라는 대답밖에 할 수 없을 것입니다. 그러나 우리가 지금까지 함께 생각해 온 사랑은 단순한 인간적 사랑이 아닙니다. "소망이 부끄럽게 아니함은 우리에게 주신 성령으로 말미암아 하나님의 사랑이 우리 마음에 부은 바 됨이니"라는 로마서 5:5 말씀과 성령의 열매의 목록 가운데 사랑을 맨 처음에 둔 갈라디아서 5:22-23 말씀에서 우리는 실마리를 찾을 수 있습니다.

한번은 어린이들의 성경 공작물 전시회에 참석한 적이 있습니다. 어린이들은 성경 구절과 관련된 물건들을 만들고 거기에 그 성경 구절을 붙여 가지고 나와 설명하였습니다.

한 어린이는 화분에 작은 나뭇가지 하나를 박아 놓고, 자기가 만든 몇 개의 열매를 매달아 가지고 나왔습니다. 관련 성경 구절은 앞에서 언급한 갈라디아서 5:22-23 말씀이었습니다. 그 어린이의 설명이 끝난 후 주일학교 교사가 덧붙인 말이 지금도 생생하게 기억납니다. "이 열매는 매달아 두었지요. 하지만 성령의 열매를 매달 수는 없습니다. 열매를 매달려고 애쓰는 사람들도 있기는 하지만 진짜 열매는 나무에서 열려야 하는 거예요."

성령의 열매를 만들어 매달아 보려고 애쓰는 사람들이 많습니다. 그들은 좋은 인상을 주고 싶은 사람들 앞에서 사랑과 좋은 성품들이 있는 듯한 시늉을 합니다. 사람들의 진정한 모습은 그들이 좋은 인상을 심어 줄 필요가 없는 사람들과 함께 있을 때 드러납니다.

그러므로 하나님의 선교에 동참하고자 한다면, 우리에게는 진정한 사랑의 태도, 곧 예수님께서 가지신 것과 같은 사랑의 태도가 필요합니다. 그리고 그것은 오직 성령의 능력 안에서만 가능합니다.

그렇다고 이 말이 성경적 사랑은 자동적으로 이루어진다는 의미는 결코 아닙니다. 그것은 은사이자 또한 성취해야 할 일이며, 믿음의 행동뿐만 아니라 의지의 행동도 수반하는 것입니다. 그것은 성령의 열매일 뿐만 아니라 우리가 목표로 하여 도달해야 할 하나의 표준입니다(고린도전서 12:31-14:1).

다음에는 이러한 사랑이 예수님의 태도 가운데 어떻게 나타났는지, 그리고 우리의 태도 가운데 나타나야 할 필요가 있는 것은 어떤 것인지 알아보기로 하겠습니다.

(3) '버림받은' 사람들을 돌아보심

우리는 사회에서 '버림받은' 이들에게 보이는, 사람들의 태도를 통해 사람들에 대해 많은 것을 알 수 있습니다. 어떤 사람은 그들을 들볶고 등쳐 먹습니다. 어떤 사람은 무시하고 멸시하고 경멸합니다. 어떤 사람은 우습게 여기고 비웃습니다. 어떤 사람은 선심을 쓰는 체합니다. 어떤 사람은 골칫거리, 방해거리로 여깁니다. 이처럼 아무도 돌아보지 않는 사람들에게 보이신 예수님의 태도는 앞에서 언급한 사람들과는 전혀 다릅니다. 예수님께서는 '버림받은' 이들을 돌아보셨습니다. 예수님의 모습 중 너무도 아름답고 사랑이 넘치는 모습입니다.

공생애 초기에 문둥병자 하나가 예수님께 와서 그 앞에 꿇어 엎드려 간구합니다. "원하시면 저를 깨끗케 하실 수 있나이다" (마가복음 1:40). 다른 사람들 같으면 그 문둥병자와 멀찌감치 떨어져 있었을 것입니다. 그들이 할 수 있는 일이라고는 기껏해야 친절한 말 한마디 해주거나, 선물 하나를, 그것도 직접 손에서 손으로 건네주는 것이 아니라 집어 가라고 땅에 던져 놓고 그 자리를 얼른 뜨는 것입니다. 하지만 예수님께서는 훨씬 더 많은 일을 하실 수 있습니다. 곧 그를 고쳐 주실 수 있습니다. 그를 고치기 위해 꼭 그에게 손을 대야 할 필요는 없습니다. 사람들은 문둥병자들과는 접촉하지 않습니다. 할 수만 있다면 말입니다. 예수님께서는 말 한마디로 사람들을 고치실 수 있습니다. 때로는 말 한마디로 멀리 떨어져 있는 사람을 고치기도 하십니다. 따라서 이번에도 말 한마디면 될 것입니다. 그러나 예수님께서는 그에게 손을 대어 그를 고쳐 주십니다. 손을 내미시는 사랑! 손을 대는 사랑! 참으로 놀라운 사랑입니다. 손을 대는 것이 그에게 얼마나 많은 의미가 있는지를 잘 알고 계셨기에, 그를 불쌍히 여겨 손을 내밀어 그에게 대시며 말씀하십니다. "내가 원하노니 깨끗함을 받으라"(마가복음 1:41).

예수님께서 거라사인의 지방에 가셨을 때 더러운 귀신 들린 사람 하나가 무덤 사이에서 나와 예수님을 만납니다(마가복음 5:1-13). 그 사람은 무덤 사이에 거처하는데 아무도 그를 제어할 수가 없습니다. 밤낮 무덤 사이에서나 산에서나 늘 괴상한 소리를 지릅니다. 또한 돌로 제 몸을 상하게 하는 바람에 상처가 아물 날이 없고 상처에서는 피가 줄줄 흐릅니다. 그를 피했다고 아무 비난도 받지 않을 그런 존재입니다. 사람들은 그가 출몰하는 지역에서 멀리 떨어져 지나다녔을 것입니다. 되도록이면 널찍하게 출입금지 구역을 정하였을 것입니다. 그런데 예수님께서는 거기로 가십니다. 다른 사람들이면 몹시 두려워 떨면서 후딱 피해 갔을 그곳에 예수님께서는 가셨고, 그 사람의 광기를 마주 대하시고, 침착하게 명령하십니다. "더러운 귀신아, 그 사람에게서 나오라"(8절). 그는 고침을 받습니다. 정신이 온전하여집니다.

무덤 사이에 사는 그 남자와는 아주 대조적인 사람이 있습니다. 12년 동안 혈루증으로 앓는 여자입니다(마가복음 5:25-34). 수줍어하고 부끄럼을 많이 타서 사람 앞을 꺼리는 여자입니다. 많은 의사를 찾아다니며 치료를 받느라고 무척 고생하였고 있던 재산도 다 허비하였으나 나아지기는커녕 오히려 병만 더 악

화됩니다. 마침 예수님의 소문을 듣고 군중 틈에 끼어 가다가 뒤에서 예수님의 옷에 손을 댑니다. 예수님의 옷에만 손을 대어도 자기 병이 나을 것이라고 생각한 것입니다. 예수님의 옷자락을 만지는 순간 즉시 피가 멎었고 병이 나은 것을 느낍니다. 예수님께서 곧 능력이 자기에게서 나간 것을 아시고 돌아보시며 "누가 내 옷에 손을 대었느냐?" 하고 물으십니다. 그러자 제자들이 예수님께 "군중이 이렇게 밀어닥치는 것을 보시면서 누가 내게 손을 대었느냐고 물으십니까?" 하고 말합니다. 그러나 누가 옷을 만졌는지 알아보려고 예수님께서 둘러보시자, 그 여자는 자기에게 일어난 일을 알고 두려워 떨며 예수님 앞에 와서 엎드려 사실대로 말씀드립니다. 하지만 그녀는 두려워할 필요가 없습니다. 예수님께서 그녀를 불쌍히 여기며 체휼하시는 따뜻한 사랑의 태도를 보여 주시기 때문입니다. 예수님의 친절한 음성이 그녀의 귀에 들립니다. "딸아, 네 믿음이 너를 구원하였으니 평안히 가라. 네 병에서 놓여 건강할지어다"(34절).

사회에서 버림받았다고 느낄 만한 이유를 가진 여인들이 또 있습니다. 그들은 예수님에게서 따뜻한 사랑의 관심을 발견합니다. 바리새인 시몬의 집에 온 여인이 그렇습니다(누가복음 7:36-50). 그녀는 그 동네에서 죄인으로 알려져 있어 아무도 가까이하지 않는 사람입니다. 우물가의 여인도 그렇습니다(요한복음 4:5-42). 그녀는 다른 여자들은 아무도 없는 시각에 물을 길러 옵니다. 아마도 그녀의 안 좋은 행실 때문에 다른 여자들이 그녀를 피했는지도 모릅니다. 간음하다 붙잡힌 여인도 그렇습니다(요한복음 8:1-11). 그녀는 깜짝 놀랍니다. 그녀를 정죄할 권리를 가진 유일한 분이 그녀를 고소하는 사람들로부터 그녀를 지켜 주는 유일한 분이시기 때문입니다. 막달라인이라 하는 마리아도 그렇습니다(누가복음 8:2). 그녀는 일곱 귀신이 들렸다가 고침을 받은 사람입니다. 동네에서 아주 평판이 안 좋은 여자였음에 틀림없습니다. 예수님께서는 이런 사람들을 위하여 시간을 내셨습니다.

그것은 세리들에게도 동일했습니다. 그들은 갑절로 인기가 없었습니다. 세금을 지나치게 많이 걷어 착복했기 때문입니다. 또한 삭개오와 같이 유대에 있는 세리들의 경우에는, 그들이 걷은 세금이 유대인들이 미워하는 로마 정복자들에게 갔기 때문입니다. 그래서 그들의 권역 밖에 있는 사람이 그들과 뭔가를 함께하기를 원한다는 것은 결코 흔한 일이 아니었습니다. 그런데 예수님께서는 그들과 함께하셨습니다. 마태(마태복음 9:9-13)와 삭개오(누가복음 19:1-10)는 너무도 기뻤습니다.

예수님께서는 이 고독하고 버림받은 사람들에게 다가가 천국 복음을 전하시며 돌아보셨습니다. 그래서 이를 본받아 주님의 교회도 그래 왔습니다. 그리스도인들은 '버림받은' 사람들의 필요에 깨어 있어야 합니다. 신체적으로나 정신적으로 핸디캡이 있는 사람들에게 깨어 있어야 합니다. 또한 성격상 세심한 배려가 필요한 사람들에게도 깨어 있어야 합니다. 먼저 그들을 이해해야 합니다. 그리고 도와주어야 합니다. 이를 위해 시간을 들여야 합니다. 그들 중에 어떤 이들은 아주 민감하게 다루어야 합니다. 호의를 보인답시고 서투른 행동을 하다가는 유익을 주기보다 해를

끼칠 수도 있습니다. 어떤 이들은 수줍어하며 피할 것입니다. 우리의 접근이 거칠고 투박하여 압박을 가하는 것이라면 말입니다. 이 버림받은 사람들을 도우려면 끝없이 많은 시간과 고통이 따릅니다. 하지만 그만한 가치가 있습니다.

'밀러 오브 디의 노래'는 수많은 이들의 보이지 않는 외침이었습니다. 특히 현대 도시 사회에서는 말입니다.

> 난 아무에게도 관심 없어, 아무도
> 아무도 내게 관심 없어, 아무도

이 두 문장의 순서는 보통 반대입니다. 버림받았다고 느끼는 사람들의 마음속에서는 말입니다. 아무도 그들에게 관심이 없는 것처럼 보입니다. 그들은 그렇게 느낍니다. 그리하여 그들이 느끼는 고통에 대한 방어로서, 그들의 얼굴을 주위 사람들로부터 돌려 버립니다. 그리고 더 나아가 상처 입은 것에 대한 방어로서 그들도 아무에게도 관심 쓰지 말자고 스스로 다짐합니다. 그들은 사실 그 누구보다도 타인의 용납을 깊이 필요로 하는 사람들입니다. 하지만 그들은 이 사실을 직시하며 받아들이려 하지 않습니다. 감히 그럴 용기가 없습니다.

고독이라는 현대의 문제는, 특히 대도시와 신도시에서는, 이따금씩만 주목을 끌 뿐입니다. 얼마 전 기사입니다. 한 여자가 죽은 채 발견되었는데, 그 옆에 일기장 하나가 놓여 있었습니다. 일기장에는 날마다 똑같은 말이 기록되어 있었습니다. "아무도 오지 않았다." 이 고독의 문제는 옛날에도 있었습니다. 그 시대에도 많은 이들에게 영향을 주었습니다. 신체적, 정신적 장애나 핸디캡, 또는 성격적 문제가 없는 사람들에게도 말입니다. 많은 이들이 고독이라는 문제로 아파했습니다. 하지만 세상은 그들을 모른 체했습니다. 못 본 체해 버렸습니다. 아무 관심을 갖지 않았습니다.

버림받았다고 느끼는 사람들은 자주 그것에 아주 익숙해져 있습니다. 그래서 마침내 누군가가 관심 쓰기 시작할 때에는 쉽사리 믿지 않습니다. '그럴 리가? 진짜일까?' 하고 의심을 품습니다. 그러다가 때로 그것이 진짜임을 알고는 자신에게 보여 주는 모든 관심과 도움에 대해 아주 감동하며 고마워합니다. 이런 사람들의 마음은 복음에 넓게 열려 있는 경우가 많습니다. 아무도 관심 갖지 않는 때에 우리가 그들에게 관심 갖는 것에 놀랍니다. '그가 왜 내게 관심을 갖지?' 그리고 우리가 그리스도인이라는 것을 알고는 그제야 그 이유를 깨닫습니다.

때때로 이런 말이 들립니다. 교회 안에 '버림받은 사람들'이 이토록 많이 발견되는 것은 유감스러운 일이라고 말입니다. 하지만 그것은 유감스러운 일이 아닙니다. 오히려 기뻐할 이유입니다. 이런 사람들이 교회 안에 존재한다는 말은 사람들이 그리스도의 교회에 할 수 있는 최대의 찬사 표시입니다. 다른 이들은 그들에게 관심 가질 여유와 시간이 없습니다. 그러나 그들은 압니다. 그리스도인들은 다르다는 것을 말입니다. 그리스도인들은 어느 누구에 대해서도 이렇게 말해서는 결코 안 된다는 것을 알고 있기 때문입니다. "나는 그에게 신경 쓸 여유가 없어." 그리스도인은 알고 있습니다. '모든 사람은 누구나 예수님께 중요했다. 따라서 모든 사람은 누구나 나에게도 중요해야 마땅하다'는 것을.

(4) 정죄하기를 더디 하심

죄를 범한 사람들에 대한 예수님과 바리새인들의 태도는 정반대였습니다. 바리새인들은 죄인들을 즉석에서 정죄하였습니다. 그들과 접촉을 하면 오염이 될지 모른다고 생각했습니다. 그들을 피함으로써 그들에 대한 경멸감을 표시하는 것이 그들에게 교훈을 주는 가장 좋은 방법이라고 여겼습니다.

바리새인과 예수님의 태도는 우리가 핸디캡이 있는 사람들에 대한 예수님의 관심에 대해 토의할 때 언급했던 두 사건 속에서 매우 뚜렷한 대조를 보이고 있습니다.

예수님께서 시몬이라는 바리새인의 집에 청함을 받으셨을 때, 부도덕한 삶을 살아 왔던 한 여인이 예수님의 발 앞에 앉아서, 눈물로 그 발을 적시고 자기 머리털로 씻고 그 발에 입을 맞추고 향유를 부었습니다. 이것을 본 시몬은 마음속으로 나름대로의 결론을 내렸습니다. 만일 예수님께서 그 여인의 행동을 그대로 내버려 두면 그녀가 죄인임을 모르는 까닭일 것이요, 그녀가 죄인임을 모른다면 선지자일 리가 없다는 것이었습니다. 보통 사람이라면 누구라도 그런 여자는 틀림없이 물리쳤을 것입니다(누가복음 7:36-39).

그러나 실제 상황은 시몬이 전혀 생각지도 못한 것이었습니다. 예수님께서는 선지자요, 선인(善人)이셨으며, 그녀의 죄악 된 삶에 대해 모르시는 바 아니었으나, 그럼에도 그녀가 그처럼 난처한 방식으로 헌신을 표현하도록 허락하셨습니다. 주님께서는 이 여인의 구원을 받을 만한 믿음을 보시고, 그녀에게 사죄의 확신을 심어 주길 원하셨습니다. 그리고 자기가 정죄하는 경멸적인 말로 그 여인을 팽개쳐 버리면, 그녀를 더 이상 영적으로 도와줄 수 없으리라는 것을 아셨습니다. 그래서 그녀의 죄를 공공연히 비난하는 대신 두 빚진 자의 예화를 시몬에게 들려주시고, 그녀의 사랑의 표현은 그녀가 죄 사함을 받았다는 증거이며 당연한 것이라고 말씀하셨습니다. 그리고는 그녀에게 자비하신 음성으로 "네 믿음이 너를 구원하였으니, 평안히 가라"고 말씀하셨습니다(누가복음 7:40-50).

간음 중에 잡힌 여인 이야기에서도 이런 대조가 뚜렷이 드러납니다(요한복음 8:1-11). 예수님께서는 그 여자에 대해서가 아니라, 오히려 그 여자를 이용하여 예수님을 함정에 빠뜨리려 한 서기관들과 바리새인들에 대해 도덕적인 의분을 느끼셨습니다. 그들은 예수님으로 하여금 두 가지 중 하나를 말씀하실 수밖에 없도록 하여 올무에 걸리게 하려는 계략을 꾸몄는데, 즉 그녀를 돌로 치라고 하면 로마의 법을 거스르는 것이 되고, 돌로 쳐서는 안 된다고 하면 유대인의 법을 거스르는 것이 되는 것입니다.

예수님의 대답은 그들 모두를 침묵시키기에 충분했습니다. "너희 중에 죄 없는 자가 먼저 돌로 치라." 그들이 하나씩 하나씩 성전에서 슬그머니 빠져 나가게 되었을 때, 예수님께서는 여자에게, "너를 고소하던 그들이 어디 있느냐? 너를 정죄한 자가 없느냐?"고 물으셨습니다. 그녀가 "주여, 없나이다"라고 대답하자, 주님께서는 "나도 너를 정죄하지 아니하노니, 가서 다시는 죄를 범치 말라"고 말씀하셨습니다.

이 이야기들 속에는 예수님께서 죄를 가볍게 취급하셨다거나, 오늘날 사회에서 그러하듯 죄를 묵인하셨다는 암시는 전혀 없습니다. 그 여인이 했던 행동을 묘사하기 위해 예수님께서 사용하신 단어는 명확하고 꾸밈없는 '죄'라는 단어였습니다. 주님께서는 간음 중에 붙잡힌 여인에게 다시는 죄를 짓지 말라고 말씀하셨던 것입니다. 주님께서 하신 말씀은 특정한 상황에서는 간음이 정당화될 수 있다고 주장하는 소위 상황 윤리론자들에게 변명의 여지를 조금도 주지 않습니다. 주님께서는 다시 죄를 짓지 말라는 분명한 지시에 어떤 식으로도 수식을 가하지 않으셨습니다. 그러나 주님께서는 그 죄인을 쉽사리 정죄하지는 않으셨습니다.

예수님께서는 사람들이 과거에 행한 일을 두고 판단하는 데보다는, 그들이 죄 용서함을 깨닫고 새로운 길을 걷도록 해주는 데 더 큰 관심을 가지셨습니다. 바리새인과 세리의 비유는 이에 관한 가장 좋은 예가 됩니다(누가복음 18:9-14). 세리는 바리새인보다 과거에 잘못한 것이 더 많았습니다. 바리새인은 자기가 범하지 않은 죄의 종류와 자기가 행한 자랑할 만한 선한 행위를 줄줄 늘어놓을 수 있었습니다. 그러나 더욱 중요한 것은 과거의 행적보다는 현재의 상태입니다. 그날 죄 사함을 받아 하나님과 올바른 관계를 맺고 집으로 돌아간 사람은 바리새인이 아니라 세리였습니다. 그 행적이 나빴던 세리는 "하나님이여, 불쌍히 여기옵소서. 나는 죄인이로소이다"라고 부르짖었던 것입니다.

세상에 대한 하나님의 선교에 참여하고 있는 사람이라면, 누구나 예수님으로부터 이 점을 배울 필요가 있습니다. 특히 사람들을 개인적으로 다루고 있는 사람들의 경우에는 더욱 그렇습니다. 우리 주님처럼 그리스도인들도 죄를 가볍게 취급하지 말아야 하며, 죄에 대해 솔직하고 거리낌 없이 말해야 할 때가 있습니다. 그러나 쉽게 동요되고 정죄하는 데 빠른 그리스도인은 잘못된 길로 들어선 사람을 거기서 이끌어 내는 데 어려움을 느낄 것입니다.

예수님께서는 사람들의 속에 있는 것을 알고 계셨습니다(요한복음 2:25). 놀라운 통찰력을 지니신 주님께서는 자기의 모습보다 더 잘 보이려고 꾸미는 사람들의 위선을 드러내실 수 있었으며, 어떤 이들이 보통 수준의 삶도 살지 못하는 이유도 아실 수 있었습니다. 그들이 자신의 약점에 대해 솔직해지기만 한다면 주님께서는 바로 거기서부터 시작하실 것입니다.

교회는 사람들이 그들 자신에 대해 항상 이처럼 쉽게 솔직해지게 해주지는 않습니다. 유대교 속에 가만히 들어 왔던 형식주의는 교회로 쉽사리 잠입해 들어올 수 있습니다. 잘못된 행위에 대해 엄격하고 비판적인 것과 너그럽고 관대한 것, 이 양극단 사이의 중간을 택하기란 쉽지 않은 일입니다. 많은 교인들은 주님과 달리 사람들을 속히 정죄하며, "비판을 받지 아니하려거든 비판하지 말라"(마태복음 7:1)는 주님의 말씀대로 살지 못하고 있습니다.

영국의 어느 교회에서 있었던 일입니다. 일반적으로 꺼리고 지탄받는 사람들이 그리스도의 복음에 관심을 갖고 교회에 출석하기 시작했습니다. 그러자 담임 목사 앞으로 분노에 찬 편지 한 통이 왔습니다. 평생 그 교회에 출석해 왔다는 한 여성도가 쓴 편지였습니다. "한때는 교회가 깨끗했는데, 요즘은 그렇지가 않습니다. 목사님께서 어떻게 저런 더러운 여자들을 품위 있는 사람들과 자리를 같이하도록 하시는지 도저히 이해할 수가 없습니다." 이 여성도는 찰스 웨슬리의 회개 찬송을 한 번도 듣지 못하였던 모양입니다.

> 버림받은 자들이여, 이리로 오라.
> 창기와 세리와 강도들이여,
> 주님께서 팔 내미사 그대들을 안으신다.
> 죄인들만 받을 수 있네, 주님의 은혜를.

세상은 시시각각으로 우리 그리스도인들에게 자기들을 따르라고 도전하며 위협을 가하고 있습니다. 어디까지 용납하고 관용할 것인지에 대해서 명확한 선을 긋기란 쉽지 않습니다. 오직 모든 삶과 생각과 행동의 기준인 하나님의 말씀에 비추어 성령께서 주시는 분별력으로 지혜롭게 판단해야 합니다. 권위에 대해 어떤 태도를 가질 것인가? 일요일을 어떻게 사용할 것인가? 술이나 담배, 금지 약물에 대해서는 어떤 태도를 가질 것인가? 성(性)과 결혼에 대해서는? 치마와 머리의 길이, 신체적 노출 정도에 대해서는? 음악이나 미술에서 서로 다른 예술적 취향에 대해서는? 오늘날 많은 그리스도인들이 이런 문제들에 대해 성경의 가치관을 따르기보다 세상의 가치관을 따르고 있습니다.

우리는 관용적 태도가 없어 보이는 그리스도인들을 정죄하는 올무에 빠져서는 안 됩니다. 그들 또한 그렇지 않은 이들에 대해 비판하기보다는 이해를 할 필요가 있습니다. 그들에게는 지난 역사를 살펴보며 예수님 당시의 상황들을 상상해 보는 것이 도움이 될 것입니다. 예수님 당시의 바리새인들에게는 안식일 문제와 죄인에 대한 예수님의 태도가 그 당시 확립되어 있던 가치 체계에 대한 위협으로 느껴졌습니다. 지난 200년을 돌이켜 보면, 젊은 이들이 긴 머리 대신 짧은 머리를 하는 새로운 유행에 대해 구세대가 분개했던 때도 있었는데, 오늘날에는 그 반대 현상이 일어나고 있습니다.

(5) 사람들의 가능성을 보심

요한복음 2:25에 있는, 예수님에 관한 말씀을 앞에서 언급한 적이 있습니다. "친히 사람의 속에 있는 것을 아시므로." 문맥 속에서 보건대 이 말은 예수님께서는 사람들의 겉으로 드러나지 않는 약점도 간파하신다는 말입니다. 그래서 예수님께서는 자신의 이적을 보고 자신을 따르려 하던 사람들에게 그 몸을 의탁하지 않으셨습니다(요한복음 2:23 이하).

그러나 "친히 사람의 속에 있는 것을 아셨다"는 말은 그 이상의 보다 넓은 의미를 가지고 있습니다. 우리가 어떤 사람에 대해 "그는 그릇이 크다"고 할 때, 그 말은 그 사람 속에 감춰진 악이 많다는 것을 의미하지 않고, 오히려 그 안에 가능성이 많다는 것을 뜻합니다. 예수님께서는 사람들의 약점뿐만 아니라 그들의 가능성도 잘 간파하십니다.

"네가 …이니 장차 …라 하리라"(요한복음 1:42). 예수님께서 베드로에게 하신 이 말씀은 깊이 묵상해 볼 만합니다. "'네가 요한의 아들 시몬이니 장차 게바라 하리라' 하시니라(게바는 번역하면 베드로라)."

그리스도인들은 그리스도의 교회를 세울 반석이 베드로인지 아니면 베드로가 가졌던 것과 같은 믿음인지에 대해 오랫동안 많은 논란을 벌여 왔습니다(마태복음 16:18). 한 가지 사실만은 분명합니다. 요한은 예수님께서 베드로를 처음 만나셨을 때 그 안에서 당시의 그뿐 아니라 장차 변화된 그를 보셨다는 점을 우리에게 일깨워 주고 있습니다. 주님께서는 베드로 안에서, 복음서에 그려진 그대로, 거칠고 충동적인 한 사람의 어부(마태복음 14:29-31, 16:22 이하, 26:69-75, 누가복음 9:32 이하)를 보셨을 뿐만 아니라, 가이사랴 빌립보에서의 확신에 찬 최초의 신앙 고백(마태복음 16:16)을 거쳐, 도중의 실패에도 불구하고 사도행전에서 보는 바와 같은 강하고, 담대하고, 견고한 교회 지도자로 변모한, 사도요 지도자인 베드로를 보셨던 것입니다.

이와 마찬가지로, 예수님께서는 세관에 앉아 있는 세리 마태 안에서, 장차 예수님을 따르기 위해 모든 것을 버리고 주위 사람들을 주님께로 인도하는 데 열심을 기울일 제자 마태를 보셨습니다(마태복음 9:9-13, 누가복음 5:27-32).

더욱 놀라운 것은 예수님께서 요한 안에서 보신 것입니다. 초기에 예수님께서는 요한과 그의 형제 야고보에게 '우레의 아들'(마가복음 3:17)이라는 별명을 붙여 주셨습니다. 우리는 누가복음 9:54에 기록된 사건 속에서, 예수님께서 우레의 아들이라 부르실 만한 그런 특성이 그들에게 있음을 엿볼 수 있습니다. 그들은 사마리아의 한 촌이 예수님께서 예루살렘을 향해 가신다는 이유로 예수님을 받아들이지 않자 하늘로부터 불을 내려 그 동네를 멸하기를 간절히 원했던 것입니다. 그 뒤에도 두 형제는 장래에 예수님 좌우편에 자기들이 앉게 해달라고 부탁한 것으로 보아 별로 나아진 것 같지는 않습니다. 그들은 아마도 예수님 바로 옆자리 두 개 중 하나를 베드로가 차지하게 될 것이고, 그렇게 되면 자기들 가운데 하나는 못 앉게 될 것을 염려한 나머지 두 자리 다 자기들한테 주십사 하고 미리 부탁한 모양입니다(마가복음 10:35-40).

이상의 구절들을 보면, 이처럼 요한과 야고보는 별로 유망한 인물처럼 보이지는 않습니다. 그러나 예수님께서는 그들의 잠재력을 보셨습니다. 만일 우레의 아들 요한이, 많은 사람들이 그렇게 믿고 있듯이, 요한복음 13:23, 19:26 이하, 20:2-5, 21:7, 20-24에 나오는 '주께서 사랑하시는 제자'라면 그는 신약에서 사랑과 가장 연관성이 많은 인물 중의 하나입니다. 그는 기독교적 사랑에 관한 많은 설명(요한일서 4:7-21)을 담고 있는 요한일서를 기록했습니다. 예수님께서는 특유의 통찰력으로 우레의 아들 안에서 사랑의 사도를 보신 것입니다.

예수님께서 사람들의 가능성을 보셨다고 하는 것은, 또한 자신의 복음을 믿고 계셨다는 것을 의미합니다. 주님께서는 "니가 의인을 부르러 온 것이 아니요, 죄인을 부르러 왔노라"(마태복음 9:13)고 말씀하셨는데, 주님께서는 삶은 변화될 수 있으며 아무리 나쁜 사람이라도 아주 훌륭한 사람이 될 수 있음을 잘 알고 계셨던 것입니다.

오늘날 하나님께서 우리에게 주신 사명을 성취하고자 한다면, 우리도 동일한 믿음을 가져야 합니다. 우리는 자기가 보기에 그리스도인의 믿음과 인격에서 거리가 먼 것 같은 사람들을 구제 불능으로 간주할 때가 너무 많습니다. 우리는 스스로 다음과 같이 말하는 경향이 있습니다. "그가 그리스도인이 될 가망은 거의 없어. 그는 자기주장이 강하거든(또는 지나치게 기독교에 적대적이거든, 또는 너무나 무관심하거든, 혹은 아주 난폭하거든.) 하지만 우리 이웃집 사람은 경우가 다르지. 천성이 착해. 아마도 하나님 나라에서 멀지 않은 사람임에 틀림없어. 그 사람이라면 주님께로 인도해 볼 만하지."

새뮤얼 채드윅 목사는 젊었을 때, 하나님께서 자기 교회에 나사로와 같은 사람을 하나 보내 주시도록 기도했습니다. 예수님의 능력으로 나사로가 무덤에서 다시 살아난 사건을 통해 많은 사람들이 예수님을 믿었기 때문입니다(요한복음 12:9-11). 그래서 채드윅 목사는, 이처럼 어두움에서 빛으로의 전환이 분명히 드러

남으로써, 과연 하나님께서 그리스도 안에서 사람들을 죄와 사망에서 일으키사 의와 생명으로 이끄실 수 있음을 많은 이들에게 알게 할 만한 사람을 보내사 회심하게 해달라고 기도했던 것입니다. 하나님께서는 그들에게 그들의 나사로를 보내 주셨습니다. 우리 대부분은 우리의 나사로를 구하는 기도를 중단해 왔습니다.

하나님의 선교 대상이 아닌 사람은 없습니다. 우리도 예수님께서 그러하셨듯이 모든 사람을 현재의 모습이 아니라 장차 변화될 모습으로 보는 법을 배워야 합니다.

(6) 쉽게 포기하지 않으심

예수님의 선교를 공부하는 사람들에게 사마리아 우물가의 여인 이야기는 특히 많은 것을 가르쳐 줍니다. 이 이야기에서 돋보이는 것들 중 하나는, 사마리아 여인이 예수님께서 영적인 의미로 물에 대해 말씀하고 계심을 깨닫지 못하고 보통의 물로만 알아듣고 있을 때 예수님께서 보여 주신 꾸준한 인내입니다(요한복음 4:7-15).

다른 사람들 같으면 이내 포기하고픈 유혹을 느꼈을 것이지만, 예수님께서는 기꺼이 시간을 들여 이 여인을 돕고자 하셨습니다. 그녀가 남편을 데리러 갔다 올 동안 우물가에서 기다리고 계셨다가 그녀가 돌아오면 대화를 계속하실 태세가 되어 있었습니다(요한복음 4:16). 그 여인은 자신의 부끄러운 과거가 드러나자(요한복음 4:16-18), 즉각 개인적인 것이 아닌 문제로 예수님의 관심을 돌리려 하기 시작했습니다. 그러나 예수님께서는 포기하지 않으셨습니다. 그녀의 질문에 대해 친절하게 대답해 주시면서 애초부터 전하고자 의도하셨던 복음으로 이끄셨습니다(요한복음 4:19-26).

예수님께서는 제자들에 대해서도 쉽게 포기하지 않으셨습니다. 베드로는 얼마나 자주 정로(正路)에서 벗어났는지 모릅니다. 그러나 예수님께서는 결코 그를 포기하신 적이 없습니다. 오히려 그를 참으시고 격려하시며 위해 기도해 주셨습니다. 주님께서 그를 위해 개인적으로 간절히 기도하신 사실에 대해 들은 그 때는 베드로에게 참으로 놀라운 순간이었을 것입니다. "시몬아, 시몬아, 보라. 사단이 밀 까부르듯 하려고 너희를 청구하였으나, 그러나 내가 너를 위하여 네 믿음이 떨어지지 않기를 기도하였노니, 너는 돌이킨 후에 네 형제를 굳게 하라"(누가복음 22:31-32).

누가복음에 나오는 산상수훈에서, 예수님께서는 "너희는 원수를 사랑하고 선대하며, 아무것도 바라지 말고 빌리라. 그리하면 너희 상이 클 것이요, 또 지극히 높으신 이의 아들이 되리니, 그는 은혜를 모르는 자와 악한 자에게도 인자로우시니라"(누가복음 6:35)라고 하셨습니다. 이 구절에서 '아무것도 바라지 말고'라는 말에는 '아무에 대해서도 희망을 포기하지 말고'라는 의미도 들어 있습니다. 아무에 대해서도 희망을 포기하지 말라. 이것은 사람들에 대한 예수님의 태도를 잘 나타냅니다.

이 말은 인간 본성에 대해 믿음을 가지라는 말은 아닙니다. 허

버트 버터필드 경처럼 "절대로 인간 본성을 믿지 말라"고까지는 아니지만, 성경은 어떤 사람들의 생각과는 달리 사람에 대한 믿음을 가지라고 요구하지는 않습니다. 믿음이란 그 대상에 무관하게 그 자체가 좋은 그런 것은 아닙니다. 왜냐하면 속기 잘하는 백성이 폭군에 대해 가지는 믿음이나 교묘하게 꾀는 자에 대한 어린이의 믿음과 같이 대상이 잘못된 믿음은 재앙을 가져오기 때문입니다. 그리스도인은 인간 본성에 속는 일이 다른 사람들보다는 적어야 합니다. 그 이유는 그리스도인은 타락하고 죄악 된 인간에 대해 현실적인 관점을 가지고 있기 때문입니다.

그러나 우리가 이미 살펴보았듯이 인간에 대한 기독교적 관점에는 또한 인간의 구속(救贖)과 변화의 가능성이 포함되어 있습니다. 그리스도인은 어느 누구도 구제불능이라고 생각해서는 안 됩니다. 아무에 대해서도 희망을 포기해서는 안 됩니다. 그리스도인은 사람들을 바라볼 때 예수님처럼 그들의 가능성을 보도록 노력해야 하며, 또한 실망으로 인해 이러한 관점이 흐려지지 않도록 해야 합니다. 예수님처럼 사람을 쉽게 포기하지 않아야 합니다. 사람에게 믿음을 두는 것은 잘못된 것일지라도, 기독교적 사랑은 "모든 것을 참으며, 모든 것을 믿으며, 모든 것을 바라며, 모든 것을 견딘다"(고린도전서 13:7)는 것을 결코 잊어서는 안 될 것입니다.

오늘날 영국 감리교에서 큰 재능을 인정받고 있는 한 젊은이가 있습니다. 약 20년 전 십대였을 때, 기독교적인 가정 배경도 없었던 그는 교회에 몇 번 나오다가 완전히 출석하지 않게 되었습니다. 그가 참석하던 성경공부 반의 인도자가 그를 찾아갔지만 그를 다시 교회로 인도하지는 못했습니다. 다시 찾아갔으나 또 거절당했습니다. 인도자는 또다시 방문했고, 이런 식으로 3년 동안 매주 찾아갔습니다. 드디어 그의 끈기는 효과를 나타냈습니다. 그 십대 소년은 자기가 너무 거절을 많이 했다는 생각을 하게 되었고, 미안해서 다시 성경공부 반에 나오게 되었습니다. 거기서 하나님께서 그에게 역사하셔서 그의 믿음은 싹이 트고, 그는 주님의 일에 부름을 받아 그 일에 자신의 생애와 재능을 바치게 되었습니다.

이 모든 것은 예수님처럼 쉽게 포기하지 않은 한 사람으로 말미암은 것입니다.

(7) 사람을 전인(全人)으로 보심

인간을 단지 말씀을 들을 수 있는 귀가 달린 영혼으로 간주하는 그리스도인들이 있다는 말을 들었습니다. 이 말이 전혀 근거가 없는 것은 아닙니다. 구원받아야 할 영혼이라는 측면에서만 사람들에게 관심을 가진 그리스도인들이 분명 있어 왔기 때문입니다.

요즘은 '영혼에 대한 열정'이란 말을 그다지 많이 들을 수가 없습니다. 이 말은 사람들이 예수 그리스도로 말미암아 영생을 얻어야 한다는 데 대한 뜨거운 관심을 의미합니다. 그것은 전도의 주된 추진력이 되어 왔습니다. 사실상 그것은 전도자가 필수적으로 갖추어야 할 것입니다. 그러나 그 말 자체로만 본다면, 그것은 인간을 영혼과 육체로 나눌 수 있으며 영혼은 중요하고 육체는 덜 중요하다는 오해를 불러일으킬 수도 있습니다.

신약성경에 나오는 영, 혼, 육과 같은 단어들의 뜻을 연구해 보면, 이것이 사람을 구성하는 세 요소라기보다는 전인으로서의 사람을 보는 세 가지 관점이었음을 알게 됩니다. 우리는 때때로 우리가 영혼뿐 아니라 육체도 가지고 있고, 육체뿐 아니라 영혼도 가지고 있다는 사실을 상기합니다. 아마도 우리가 영혼과 육체를 가지고 있다기보다는 우리는 영혼인 동시에 육체라고 하는 것이 더 정확한 말일 것입니다. 예수님께서는 인간이 영혼이요 또한 육체라는 사실을 결코 잊으신 적이 없습니다.

마가복음 6:31-44을 보면, 사려 깊으신 예수님께서는 전도 여행을 끝내고 피곤한 제자들에게 "너희는 따로 한적한 곳에 와서 잠깐 쉬어라"고 말씀하셨습니다. 예수님을 따라온 군중들이 굶주려 음식을 필요로 하자 예수님께서는 그들을 먹이셨습니다. 그날 제자들도 군중들도 자기들이 '귀 달린 영혼'으로 취급되고 있다고 느끼지는 않았을 것입니다.

사람들의 육적인 필요에 대한 그리스도의 동일한 생각을 회당장인 야이로의 딸 이야기에서도 읽을 수 있습니다(누가복음 8:41-42,49-56). 죽었다가 다시 살아난 소녀에 대한 예수님의 첫째 관심은 사람들이 신이 난 나머지 그 소녀에게는 지금 음식이 필요하다는 사실을 잊지 않도록 해주는 것이었습니다. 그래서 예수님께서는 즉시 먹을 것을 소녀에게 주라고 말씀하셨습니다(55절).

병을 고쳐 주실 때마다 예수님께서는 그들의 영혼뿐 아니라 몸에 대해서도 동일한 관심을 보여 주고 계십니다. 때때로 이 두 가지 관심이 함께 관찰되는데, 이는 예수님께서 사람의 육체와 영혼이 얼마나 긴밀하게 결합되어 있는지를 알고 계셨다는 것을 가리킵니다. 하루는 붐비는 방에서 예수님께서 가르치고 계시는데 그 앞으로 중풍병자가 달아 내려집니다(마태복음 9:2-8, 마가복음 2:1-12, 누가복음 5:17-26). 사람들은 예수님께서 병 고치는 기적을 일으키시리라 생각하고 있는데, 그들이 들은 예수님의 첫 말씀은 "네 죄 사함을 받았느니라"는 말씀입니다. 그 다음에야 비로소 "일어나 네 침상을 가지고 집으로 가라"고 말씀하십니다. 군중들은 아마도 우리처럼 이 두 말씀의 순서에 대해 의아하게 생각했을 것입니다. 그 중풍병자의 우선적인 필요는 그 몸을 고침받는 것인 듯합니다. 예수님께서 죄 사함에 대해 먼저 말씀하신 것은 육적인 건강보다 하나님과의 올바른 관계가 더 중요함을 알고 계셨기 때문입니까? 아니면 이 사람의 병에는 정신적인 요소가 있어서 그의 죄의식이 병의 원인이라고 알고 계셨기 때문입니까? 이유가 무엇이든, 예수님께서는 그를 전인(全人)으로 보셨고, 전인으로서의 그를 고쳐 주셨습니다.

어느 날 교회에서 어린이들을 가르치고 있었는데 '영혼'이 무엇이냐는 질문이 나왔습니다. 그래서 아이들에게 그것이 무엇을 의미한다고 생각하는지 물어보았습니다. 열 살인 똑똑한 캐슬린은 재빨리 "우리 속에 있는 하나님 거요"라고 대답했습니다. 어린이의 입에서 나온 재미있는 정의였습니다. 그러나 물톤 캐슬린의 대답은 부분적으로만 맞는 것입니다. 영혼만이 하나님의 소유인 것은 아닙니다. 하나님께서는 전인을 만드셨고, 우리의 모든 것이 그분의 것입니다. 예수님께서는 이 사실을 알고 계셨고, 예수님의 사역은 그분의 선교 대상이 사람들의 삶 전체였다는 것을 보여 줍니다.

그러나 육체를 무시하고 영혼만을 강조하는 사람만이 하나님의 관점을 왜곡하는 것은 아닙니다. 요즈음은 사람들의 영적 필요에만 관심이 있어 보이는 사람보다 물질적 필요에만 관심이 있어 보이는 사람들을 더 자주 만납니다. 물질적으로 '가진 나라'와 '못 가진 나라' 사이의 격차는 점점 벌어지고 있고, 이것은 이 세상의 빈곤과 굶주림이라는 뼈아픈 사실에 우리의 양심의 눈을 뜨게 합니다. 오늘날 인간 생활의 세속화가 급속도로 진행되어 왔습니다. 사람들은 세속화를 받아들일 뿐더러 오히려 환영하였습니다. 급진적인 사람들은 '성년(成年)이 된 인간'이 종교적 신앙을 갖기를 바랄 수 있는지 의문을 제기해 왔습니다.

사람들의 영적 필요에 무관심한 사람은 사람들의 육적 필요를 무시하는 사람들과 마찬가지로 예수님의 포괄적인 사역으로부터 배워야 합니다. 예수님께서는 영적인 면에 최고의 우선순위를 부여하셨는데, 사람들이 육적인 필요를 영적인 필요 위에 두는 그런 위험 때문에 어떤 사람들에게는 그분의 병 고치는 사역에 대해 나가서 이야기하지 못하게 하신 것 같습니다. 주님께서는 몸은 죽여도 영혼은 능히 죽이지 못하는 자들에 대해 말씀하셨습니다(마태복음 10:28). 예수님께서는 사람들에게 회개하라고 촉구하셨고, 그들의 죄를 사해 주셨으며, 하나님을 그들의 아버지로 생각하라고 가르치셨고, 기도하는 법을 가르쳐 주셨으며, 복음을 전파하라고 명령하셨습니다. 주님께서는 인간의 물질적 필요가 영적 필요보다 더 중요하다고 생각하시는 것 같은 행동은 도무지 하신 적이 없습니다. 주님께서는 사람들을 전인으로 보셨고, 그들의 모든 필요가 주님께는 다 중요했습니다.

구원에 대한 예수님의 개념은 오늘날의 많은 그리스도인들의 개념보다 범위가 더 넓습니다. 예수님께서는 '구원'이란 말을 죄 사함(누가복음 7:47-50)에서부터 시력 회복(누가복음 18:35-43) 및 인격의 변화(누가복음 19:1-10) 등에 걸쳐 광범위하게 사용하셨습니다. 예수님께서는 전인으로서의 인간을 구원하신 구세주이십니다.

(8) 다른 사람들을 위해 자신을 허비하심

예수님께서는 육신을 입고 이 땅에 오신 하나님의 사랑이십니다. 평생을 '다른 사람들을 위해 사신' 분이십니다.

자신의 사역을 준비하시기 위해 예수님께서는 광야에서 40일을 밤낮으로 금식하며 보내셨습니다(마태복음 4:1-10). 그 당시 예수님께서는 세계를 자기 발아래에 둘 수 있는 쉬운 방법을 거절하셨습니다. 이미 자신이 선택한 어려운 길을 걷고 계셨으며, 사역의 초기부터 다른 사람들을 위해 자신을 허비하고 계셨습니다.

마가복음 1:21-34에 나오는 분주했던 안식일에 관한 기사는 예수님께서 얼마나 기꺼이 자신을 다른 사람들에게 주시고자 하는지를 가버나움 사람들에게 밝히 깨닫게 해주었습니다. 먼저 회당에서의 예배가 있었는데 거기서 예수님께서는 서기관들에게서는 전혀 들어 본 적이 없는, 아주 권세 있는 가르침을 베푸셨습니다. 예수님께서는 야고보와 요한을 데리고 그곳을 떠나 시몬과 안드레의 집으로 가서 열병으로 앓아누워 있는 시몬의 장모를 고쳐 주셨고, 고침받은 그 여인은 그들의 수종을 들었습니다. 그들은 그곳에서 몇 시간 동안 함께 즐거운 교제의 시간을 가졌습니다. 그러나 저녁과 더불어 안식일이 끝나자 군중들이 몰려오기 시작하여 온 동네가 문 앞에 모였다고 마가는 기록했습니다. 예수님께서는 그들을 고치심으로 그들의 모든 필요를 채워 주셨습니다.

목수이셨던 예수님께서는 물론 고된 수고가 뭔지를 잘 알고 계셨습니다. 이제 순회하는 선지자요 교사요 병 고치는 자로서 배나 수고스럽고 고된 삶을 살아야 했습니다.

마가는 예수님의 사역 초기에 예수님께 쏠린 많은 요구들의 일면을 보여 주는 사건 하나를 소개하고 있습니다(마가복음 3:7-12). 즉 "갈릴리에서 큰 무리가 좇으며, 유대와 예루살렘과 이두매와 요단강 건너편과 또 두로와 시돈 근처에서 허다한 무리가" 예수님을 보고자 호숫가로 몰려왔습니다. 그때 예수님께서는 병자들과 더러운 귀신 들린 자들이 자기에게 밀어닥치고 있었기 때문에, 군중들이 에워싸 미는 것을 면키 위하여 작은 배를 대기시켜 두도록 제자들에게 명하셨습니다.

바닷가에서 무리를 가르치신 날 저녁에 예수님께서는 매우 지치신 나머지 바다에서 큰 광풍이 부는데도 배 위에서 주무실 수 있을 정도였습니다(마가복음 4:1,35-41).

열두 제자들이 전도하며 병을 고쳐 주는 여행에서 돌아왔는데, 사람들이 계속 드나들어서 식사를 할 겨를도 없게 되자, 예수님께서는 제자들에게 휴식을 위해 자기와 함께 한적한 곳으로 가자고 말씀하셨습니다. 그러나 무리들은 언제나처럼 예수님을 따라왔고 예수님께서는 자신을 그들에게 주셨습니다. 무리들이 예수님 자신과 제자들이 도무지 휴식을 취하지 못하게 하는 게 대해 화를 내실 수도 있었습니다. 그러나 그들을 사랑으로 맞아 주셨습니다(마가복음 6:30-34). "예수께서 나오사 큰 무리를 보시고 그 목자 없는 양 같음을 인하여 불쌍히 여기사 이에 여러 가지로 가르치시더라"(34절).

그날이 저물어 갈 때 주님께서는 5,000명을 먹이시는 일을 하셨습니다(마가복음 6:35-44). 그리고 나서는 무리들을 보내시고 제자들로 호수를 건너가게 하신 후, 피곤하심에도 불구하고 기도하러 산으로 올라가셨습니다. 그러나 이른 새벽에 제자들이 맞바람 때문에 괴로이 노 젓는 것을 보시고 그들을 돕기 위해 물 위를 걸어서 즉시 그들에게로 가셨습니다(마가복음 6:45-52).

호수를 건너가 게네사렛 땅에 이르자 사람들은 예수님을 금방 알아보았습니다. "사람들이… 그 온 지방으로 달려 돌아다니며 예수께서 어디 계시단 말을 듣는 대로 병든 자를 침상 채로 메고 나아오니, 아무 데나 예수께서 들어가시는 마을이나 도시나 촌에서 병자를 시장에 두고 예수의 옷 가에라도 손을 대게 하시기를 간구하니 손을 대는 자는 다 성함을 얻으니라"(마가복음 6:54-56).

복음서 하나를 택하여 죽 읽어 나가 보면 우리는 예수님께서 얼마나 많은 요구에 직면하셨는지 실감할 수 있습니다. 사람들을 섬기기 위하여 주님께서는 기꺼이 잠을 포기하셨습니다. 주님께서는 밤의 일부를 기도하는 데 들이신 적도 있고(마가복음 1:35, 6:46 이하), 밤을 새우신 적도 있었습니다(누가복음 6:12). 밤에 자신을 찾아온 니고데모와도 기꺼이 대화를 나누셨습니다(요한복음 3:1 이하). 사람들을 위해 주님께서는 목수 일을 그만두고 집을 떠나셨고, 때로는 아무 데도 머무르실 곳이 없었습니다(마태복음 8:20).

그러나 사람들이 그토록 예수님께 많은 요구를 했지만, 예수님께서는 결코 자기 연민에 빠지신 적이 없었습니다. 복음서에 보면 예수님께서 탄식하시고 우시는 모습이 나옵니다. 그러나 이것은 낙심되셔서가 아닙니다. 사랑 때문입니다. 예수님께서는 귀먹고 어눌한 자의 필요를 보시고 하늘을 우러러 탄식하셨습니다(마가복음 7:34). 예수님을 시험하여 하늘로부터 오는 표적을 구하는 바리새인들을 보고 마음속에 깊이 탄식하셨습니다(마가복음 8:12). 나사로의 죽음을 인하여 슬피 우는 자들을 보고 심령에 비통히 여기셨습니다(요한복음 11:33,38). 우리가 알고 있는 대로, 예수님께서 눈물을 흘리신 것도 자신을 인해서가 아니라 나사로의 죽음과 예루살렘으로 인한 것이었습니다(요한복음 11: 35, 누가복음 19:41-44). 십자가를 지고 가실 때조차도, 자기를 따라오면서 우는 여자들에게 "나를 위하여 울지 말고 너희와 너희 자녀를 위하여 울라"고 말씀하셨습니다(누가복음 23:27-31).

사람들의 필요에 직면하신 예수님께서는 화를 내시거나 너무 많은 요구가 주어진다고 생각지 않으시고 그들을 위해 기꺼이 자신을 내어 주셨습니다. 이처럼 자신을 다른 이들에게 주시는 것이 그분의 삶이었습니다. 여행으로 인해 피곤하셨음에도 주님께서는 힘써 우물가의 여인에게 생수에 대해 말씀해 주셨고, 제자들이 돌아오자 그들에게 "내게는 너희가 알지 못하는 먹을 양식이 있느니라.… 나의 양식은 나를 보내신 이의 뜻을 행하며 그의 일을 온전히 이루는 이것이니라"고 말씀하셨습니다(요한복음 4: 31-34).

그러나 예수님께서 다른 사람을 위해 자신을 허비하신 것은 그분의 사역에만 국한된 것이 아닙니다. 그분의 이러한 면은 십자가를 지는 일에 있어서 최고조에 달합니다. 예루살렘으로 마지막 여행길을 재촉하실 때, 예수님께서 앞서 가시고 뒤를 따르는 제자들은 놀라고 두려워했습니다(마가복음 10:32). 십자가의 고통에 대한 인간적인 두려움이 그분의 마음을 사로잡아 혼자 앞서서 걸어가시게 했을 거라고 짐작해서는 안 됩니다. 마가와 누가는, 축복을 받으려고 온 아이들(마가복음 10:13-16), 영생을 얻고 싶어 찾아온 젊은 부자 관원(마가복음 10:17-22), 친구와 구세주를 필요로 하는 삭개오(누가복음 19:1-10), 눈을 뜨게 해달라고 간구하는 소경 바디매오(마가복음 10:46-52) 등을 만나 예수님께서 그들의 인간적인 필요를 채워 주신 것은 유대 지경과 요단 강 건너편을 통과하는 이 마지막 여행에서였다고 기록하고 있습니다.

그들 모두를 위해 시간을 내주시고 예루살렘으로 올라가시면서, 예수님께서는 아직도 자신이 십자가를 지는 것보다는 그들과 함께하며 섬겨 주는 것을 더 필요로 할지도 모를 또 다른 사람들에 대해 생각하셨을지도 모릅니다. 즉 주님께서는 예루살렘을 향하여 올라가시기로 굳게 결심하실 때(누가복음 9:51), 아마도 자신이 생전 처음으로 다른 사람들의 인간적인 필요들에 대해 등을 돌리고 있는 것이 아닌가 자문해 보셨을지도 모릅니다.

그러나 주님께서는 계속 올라가셨습니다. 이것이야말로 자신이 섬기러 온 사람들을 위한 최선의 일임을 깊이 확신하고 계셨음에 틀림없습니다. 주님께서는 섬기러 오셨고, 전체 사역을 통해 이 일을 하셨습니다. 그러나 또한 자기 목숨을 많은 사람의 대속물로 주기 위해 오셨습니다(마가복음 10:45). 길을 오다가 만난 네 부류의 사람은 예수님께 어린이들, 청년들, 장년기에 있는 이들 및 사회에서 버림받고 있는 사람들의 필요를 다시 한 번 상기시켰을 것입니다. 그러나 그들의 인간적인 필요들이 크다 할지라도, 주님께서는 그들을 위해 자신의 생명을 주는 것이 그들 모두를 가장 잘 섬기는 길임을 확신하고 계셨습니다. 그래서 십자가를 지셨고, 지고(至高)한 방법으로 다른 사람들을 위해 자신을 허비하셨습니다. 고난받는 하나님의 종으로 언급되고 있는 이사야 53:12 말씀처럼 "자기 영혼을 버려 사망에 이르게 했습니다." 그리고 그 행동을 통해 그 당시 도움이 필요하던 사람들뿐 아니라 우리와 모든 사람들을 위해 자신을 허비하신 것입니다.

예수님께서 인간들을 위해 십자가를 지신 것은 독특한 사건이며, 어떤 인간적인 자기희생도 그분의 희생과 동등한 것으로 생각해서는 안 됩니다. 그분의 고난은 모범 훨씬 그 이상이었습니다. 그것은 속죄를 위한 고난이었습니다. 그러나 베드로전서 2:21은 주님의 고난이 하나의 모본이 되기도 한다는 사실을 명확하게 설명하고 있습니다. 그 구절은 어떻게 부당한 고난을 감당해야 하는지에 대한 모본으로서 예수님의 고난을 들고 있습니다. 여기서 우리는 그것이 다른 사람을 위해 자기를 허비하는 삶의 최상의 본임을 알 수 있습니다.

비록 최근에도 기독교 순교자들이 있어 오긴 했지만, 생명을 바쳐야 할 정도로 사람들을 위해 자기를 희생해야 하는 경우는 많지 않습니다. 그러나 그리스도인들은 삶 가운데서 다른 사람들을 위해 자신을 허비해야 합니다.

요즘 사람들은 전보다 여가 시간이 더 많습니다. 때로는 이것이 문제가 되기도 합니다. 자신이 가진 자유 시간을 어떻게 써야 할지 몰라 힘들어합니다. 아무것도 하지 않아도 만족이 없고, 뭔가에 진이 빠지도록 몰두해 보아도 만족이 없습니다. 심리학자들이 말하듯이, 인간 속에는 본질적으로 자신에게 엄한 속성이 있습니다. 너무 편한 것을 오히려 혐오하는 경향입니다. 하지만 편안함이 싫다고 자꾸만 뭔가를 하는 것도 그 답은 아닙니다. 편안

함을 목적 없는 분주한 활동으로 대체하는 것 역시 만족을 주지 못합니다. 인간은 자신이 남들에게 필요한 존재임을 느낄 때 만족을 얻습니다. 남들이 자기를 원하기를 원합니다. 아무도 나를 필요로 하지 않고 원하지 않는다면 그것은 비극입니다. 특히 매일 하는 일이 아무 만족도 주지 않는다면 그때 느끼는 좌절감이란 정말로 심각합니다. 이런 상황에서 많은 사람들이 묻기 시작하고 있습니다. '내가 다른 사람들을 위해 할 수 있는 일이 무엇인가?' 어떤 동기이든지 간에 다른 사람들을 섬기고 뭔가 도움을 주는 것은 아무것도 하지 않는 것보다 낫습니다.

오늘날 이 세상에서 우리 그리스도인들이 예수님의 선교를 하기 위해서는 예수님과 같은 삶을 살아야 합니다. 간단히 말하자면, 세상을 섬기는 종으로서의 삶입니다. 이 세상의 영적, 사회적, 정신적, 물질적 필요를 채워 주는 사람이 되어야 합니다. 다른 사람들을 위해 자기가 가진 물질만 드리는 것이 아니라, 예수님처럼 자기 자신을 다 내어 주는 사람, 다른 사람들을 위해 자신을 온전히 허비하는 사람이 되어야 합니다.

2 예수님의 접근

(1) 사람들의 친구가 되어 주심
(2) 사람들의 '현 위치'에서 출발하심
(3) 사람들의 말에 귀를 기울이심
(4) 문제의 뿌리를 찾으심
(5) 사람들의 질문을 진지하게 받아들이심
(6) 때때로 부탁을 하심
(7) 억지로 강요하지 않으심

그리스도인은 그리스도인이라는 바로 그 사실 때문에 예수님의 선교에 동참해야 합니다. 이를 위해서는 예수님의 태도에서뿐 아니라 예수님께서 사람들에게 다가가신 접근 방법으로부터도 많은 것을 배워야 합니다.

(1) 사람들의 친구가 되어 주심

앞에서 살펴보았듯이, 사람들을 향한 예수님의 태도는 사랑이었습니다. 자기 제자들만 사랑하신 것이 아니라, 제자 그룹 밖에 있는 사람들에게로까지 뻗어 나간 넓은 사랑이었습니다. 사랑이 단지 예수님의 마음의 태도인 것만은 아닙니다. 그 사랑의 마음은 사람들의 친구가 되어 주시는 것으로 나타났습니다. 예수님께서는 사람들을 향하여 친구의 마음으로 다가가셨습니다.

우리가 복음서를 읽으면서 금방 알 수 있듯이, 제자들은 항상, 예수님께서는 자기들과는 다르신 분이라는 것을 알아차렸습니다. 예를 들면, 요한복음 13장에 보면 예수님께서 제자들의 발을 씻겨 주시는 장면이 나옵니다. 베드로는 자기 차례가 되자 두려웠습니다. 그래서 이렇게 말씀드렸습니다. "아니, 주님. 주님께서 제 발을 씻기시다니요? 그럴 순 없습니다. 제 발을 절대로 씻기지 못하십니다"(6,8절 참조). 베드로가 이런 반응을 보인 것은 예수님께서 누구신 줄 알았기 때문입니다. 사실 예수님께서는 제자들의 섬김을 받아 마땅하신 분입니다. 그러나 예수님께서는 제자들이 자신을 받들어 모시기를 바라신 적이 없습니다. 예수님께는 제자들은 예수님의 친구였습니다(요한복음 15:13-15). 예수님께서는 그들을 종이라 부르지 않고 친구라 부르셨습니다. 왜냐하면 예수님께서는 그들에게 자신의 비밀을 털어놓으셨기 때문입니다. "너희를 친구라 하였노니, 내가 내 아버지께 들은 것을 다 너희에게 알게 하였음이니라"(15절). 지난 몇 년 동안 예수님과 제자들은 삶을 함께 나누었습니다. 길 위에서, 바닷가에서, 집에서… 늘 함께 있었습니다. 함께 교제하고, 다른 사람들을 섬기는 일에서도 함께하였습니다. 그러기에 예수님께서는 망설임 없이 그들을 '나의 친구'라 부르신 것입니다. 가룟 유다도 예외가 아닙니다(마태복음 26:50).

바로 이러한 친구 관계 형성을 통해, 제자들은 함께 팀을 이루게 되었고, 교회의 핵심이 되었습니다. 그리고 어떤 의미에서, 예수님께서 이 사람들을 '나의 친구'라 부르셨다는 것은 자연스럽습니다. 아주 가까운 사이였기 때문입니다.

더 놀랍고 굉장한 것은, 예수님께서는 공통점이 거의 없다고 생각될 법한 사람들에게도 역시 친구가 되어 주셨다는 것입니다. 바로 세리들과 죄인들에게도 말입니다. 예수님의 비판자들은 예수님을 '세리와 죄인의 친구'라고 했습니다. "인자는 와서 먹고 마시매 말하기를, '보라. 먹기를 탐하고 포도주를 즐기는 사람이요 세리와 죄인의 친구로다' 하니, 지혜는 그 행한 일로 인하여 옳다 함을 얻느니라"(마태복음 11:19).

이 말씀을 하신 분은 다름 아닌 예수님 자신이십니다. 예수님께서는 사람들이 자기에 대하여 어떤 말을 하는지 사람들의 평판을 알고 계셨습니다. 그리고 그 일로 비판을 받고 있다는 것도 알고 계셨습니다. 바리새인들은 이해할 수가 없었습니다. 어떻게 예수님께서 저런 '나쁜 사람들'과 함께 어울리는지 말입니다. 훨씬 더 놀라운 것은 저런 사람들과 함께 앉으실 뿐 아니라 함께 식사를 하신다는 것입니다(마태복음 9:10 이하). 예수님께서 그 이유를 묻는 자들에게 대답하셨습니다. 저들이야말로 예수님을 필요로 하는 사람들이라고. 예수님께서는 비판자들에게 이렇게 말씀하셨습니다. "건강한 자에게는 의원이 쓸데없고 병든 자에게라야 쓸데 있느니라. 너희는 가서 '내가 긍휼을 원하고 제사를 원치 아니하노라' 하신 뜻이 무엇인지 배우라. 내가 의인을 부르러 온 것이 아니요 죄인을 부르러 왔노라"(마태복음 9:12-13).

누가복음 15장에 나오는 세 비유도 동일한 맥락 선상에서 말씀하신 것입니다. 누가는 서두를 이렇게 시작합니다. "모든 세리와 죄인들이 말씀을 들으러 가까이 나아오니, 바리새인과 서기관들이 원망하여 가로되, '이 사람이 죄인을 영접하고 음식을 같이 먹는다' 하더라"(1-2절). 3절부터 나오는 세 가지 비유는 비판자들에 대한 예수님의 대답입니다. "예수께서 저희에게 이 비유로 이르시되"(3절). 잃어버린 양의 비유에서, 목자의 임무는 바로 잃어버린 양을 찾으러 다니는 것이었습니다. 그 양을 찾을 때까지 말입니다. 잃어버린 동전의 비유도 동일한 의미를 전하고 있습니다. 양이든 동전이든 잃어버렸을 때, 가장 중요한 것은 찾을 때까지 찾는 것입니다. 그리고 찾았을 때 그 기쁨은 이루 말할 수가 없습니다. 함께 즐거워하고 기뻐하는 것이 마땅합니다. 이처럼 죄인 하나가 회개하고 하나님께로 돌아오면 천국에서 기뻐하는 것이 당연하다는 것입니다(7,10,32절).

예수님의 말씀에 비추어 볼 때, 예수님께서 이런 '나쁜 사람들'의 친구가 되어 주신 것은 어찌 보면 그렇게까지 놀라운 것은 아닙니다. 더 놀라운 것은, 예수님께서 자원하여 그들과 함께 시간을 보내셨다는 사실뿐이 아니라, 그들이 예수님과 함께 식사하며 교제할 때 분명히 기뻐하였다는 사실입니다. 예수님께서는 자기가 그들의 친구가 되어 주고 있다는 사실을 숨기려 하지 않으셨습니다. 그들이 자신의 도움을 필요로 한다는 것을 믿었기 때문입니다. 그들은 예수님을 멀리하고 피할 수도 있었습니다. 예수님 같은 '선한' 분이 자기들같이 '나쁜 사람들'과 함께해 주는 것이 썩 기분 내키지 않을 수도 있고, 예수님만 보면 자꾸만 자기들의 죄악이 드러나 분개하는 마음을 품을 수도 있었습니다. 하지만 그들은 그 대신 진정으로 예수님께 강하게 끌렸습니다. 예수님께 매력을 느꼈습니다. 그래서 예수님 주위에 몰려들었고, 예수님과의 교제를 즐거워했던 것입니다.

예수님께서 사람들과 교제하실 때 우리도 그 자리에 같이 있어서 예수님의 행동과 말씀을 보고 들었으면 얼마나 좋았을까 하는 생각이 듭니다. 예수님께서 그들에게 무엇을 말씀하시는지, 또 그들에게 어떻게 다가가시는지를 말입니다. 예수님께서는 그들의 생활 스타일을 인정하지 않으시면서도 자기가 그들을 용납한다는 것을 효과적으로 자연스럽게 전달하셨습니다. 예수님의 얼굴 표정, 목소리의 색깔과 어조, 그리고 모든 언행의 적절한 타이

밍, 이 모든 것이 '나는 진정으로 당신들의 친구다'라는 메시지를 전달해 주었음에 틀림없습니다. 예수님을 보면, 사람들에게 은인인 체하는 것도 없고 강요나 속박의 모습도 없었습니다. 만일 그랬다면 그들은 예수님께 결코 따뜻하게 대하지 않았을 것입니다.

한번은 내 친구가 '예수님의 대적자들이 전한 복음'이란 제목으로 설교를 하는 것을 들었습니다. 인용한 구절 중 하나가 누가복음 15장에 있는 말씀입니다. "모든 세리와 죄인들이 말씀을 들으러 가까이 나아오니, 바리새인과 서기관들이 원망하여 가로되, '이 사람이 죄인을 영접하고 음식을 같이 먹는다' 하더라"(1-2절). 이 사람이 죄인을 영접하고 음식을 같이 먹는다! 처음 이 말을 한 사람들은 속으로 쾌재를 불렀을 것입니다. 이보다 예수님의 명예에 결정적인 치명타를 가할 수 있는 말은 없기 때문입니다. 예수님께 가할 수 있는 최고의 손상이라고 생각했을 것입니다. 그러나 이 말은 정반대로 우리에게는 복음입니다. 기쁜 소식입니다. 예수님께서 죄인을 영접하고 음식을 같이 먹지 않으셨으면, 우리에게 무슨 소망이 있겠습니까?

예수님께서 이른 바 '나쁜 사람들'에게 친구가 되어 주신 것, 이것은 우리에게 주님을 찬양할 이유를 제공합니다. 뿐만 아니라 이 사실은 진지하게 우리 자신을 돌아보게 합니다. 이 세상에서 예수님을 대표하는 사람으로서, 우리는 과연 얼마나 많은 '나쁜 사람들'에게 친구가 되어 주었는가 하는 것입니다.

세상에 대하여 그리스도인이 어떤 태도를 취해야 하는가는 쉬운 문제는 아닙니다. 야고보서 4:4에서 이렇게 말씀하고 있습니다. "간음하는 여자들이여, 세상과 벗 된 것이 하나님의 원수임을 알지 못하느뇨? 그런즉 누구든지 세상과 벗이 되고자 하는 자는 스스로 하나님과 원수 되게 하는 것이니라." 사람들에게 친구와 벗이 되어 주는 것과 세상과 벗이 되는 것은 분명 다른 것입니다. 세상과 벗이 되는 것은 하나님과 원수가 되는 것입니다. 세상과 벗이 되는 것은 우리를 끌어내립니다. 타락하게 합니다. 우리가 어떤 사람과 줄다리기를 한다고 합시다. 우리는 의자 위에서 끌어당기고, 상대방은 의자 아래에 서서 끌어당깁니다. 우리는 금방 그 결과를 알 수 있습니다. 의자 위에 있는 내가 상대방을 끌어올리기보다는 의자 아래에 있는 상대방에게 끌려 내려가기가 더 쉽다는 것을 알게 됩니다. 우리는 야고보의 경고를 기억하는 것이 좋습니다. 그렇지만 한 가지 또 기억해야 할 것입니다. 우리가 사람들에게 진정한 친구가 되어 주지 않으면 그들을 그리스도 안에 있는 믿음으로 이끌기를 거의 바랄 수 없다는 사실입니다.

존 스토트의 말을 인용해 보도록 하겠습니다. 캠퍼스에서 선교사역을 한 그는 영국에서 가장 경험이 많은 선교사에 속합니다. 그는 이렇게 썼습니다. "교회와 일반 대중 사이에 왜 이런 넓고 깊은 틈이 있습니까? 내가 말하겠습니다. 그것은 그리스도인들이 불신자들을 친구로 사귀지 않기 때문입니다. 대학 선교의 경험에서 나는 말하곤 합니다. 선교의 '성공'에 필수 불가결한 조건은, 그리스도인들이 불신자 친구들을 많이 갖는 것입니다.… 우리는 세상의 빛입니다. 그리고 그 빛은 양동이 아래 숨겨져 있어서는 안 됩니다. 우리는 세상의 소금입니다. 그런데 아직도 우리는 소금 그릇이라는 아늑하고 안전한 곳을 선호합니다. 우리는 누룩이 되어야 합니다. 누룩의 기능은 반죽 덩어리 속에 널리 퍼지는 것입니다.… 모든 그리스도인은 각각 '세리와 죄인들의 친구'가 되어야 합니다. 예수님께서는 그들을 영접하셨고, 그들과 함께 잡수셨습니다. 그들은 그분이 계신 집에 나아갔고, 그분은 그들을 환영하셨습니다. 그리고 식사에 초대를 하시고 함께 식사를 하셨습니다. 우리는 예수님의 발자취를 따르고 있습니까?"

아주 활동적인 그리스도인들을 보면 너무도 바쁩니다. 그래서 또 누군가에게 시간을 내어 주며 그 사람과 깊이 있는 친구 관계를 형성하라는 요구에 난색을 표할 줄 압니다. 하지만 시간을 내어 기독교 신앙에서 멀리 있는 사람들과 친구 관계를 형성하십시오. 진정으로 그들의 친구가 되어 주십시오. 그러면 그들은 당신 주위에 모여들 것입니다. 그리고 그리스도를 믿게 될 것입니다. 너무나 바빠서 시간이 없다고요? 예수님께서도 바쁘셨습니다. 그러나 시간을 내셨습니다.

(2) 사람들의 '현 위치'에서 출발하심

예수님께서는 사람들에게 접근하실 때 그들의 '현 위치' 곧 현재 있는 곳에서 출발하셔서 그들의 관심과 자신의 진리 사이에 연결 고리를 찾으셨습니다.

예수님의 제자로 맨 처음 부르심을 입은 두 사람은 어부였습니다(마가복음 1:16-18). 그들은 예수님께서 그들을 부르실 때 그물을 가지고 일하고 있었습니다. 그들의 현 위치에서 출발하시는 예수님께서는 고기 잡는 일이 그들의 마음을 사로잡고 있었기 때문에 이렇게 말씀하셨습니다. "나를 따라오너라. 내가 너희로 사람을 낚는 어부가 되게 하리라"(마가복음 1:17).

사마리아 우물가의 여인은 물을 길으러 나왔는데, 예수님께서는 그녀의 현 위치에서 출발하여 그 물을 예화로 사용하여 자신이 제공할 수 있는 생명에 대해 말씀하셨습니다(요한복음 4:7-15).

빌라도의 잔인한 행동을 고하러 온 사람들에게는, 그들의 현 위치에서 출발하여 그들이 회개의 필요성을 깨닫도록 하셨습니다(누가복음 13:1-3).

집, 가족, 동전, 농장, 포도나무, 밀, 가라지, 씨, 음식, 진주, 건물 등 모든 비유들은, 주님께서 사람들의 마음에 교두보를 만들고 자신이 말씀하시고자 하는 바를 그들이 관심을 가지고 있는 것에 연결시키기 위해 사용하신 것입니다.

선교에서 사람들의 관심사와의 연결 고리를 찾는 것만큼 중요한 것도 거의 없을 것입니다. 기독교에 대하여 무지하고 무관심한 사람들이 생각보다 많다는 사실을 우리 그리스도인들은 알고 있어야 합니다. 그런 사람들에게 종교 이야기로 대화를 시작하는 것은 그들의 귀를 닫게 할 수도 있습니다. 이는 마치 사람들이 우리의 관심 분야에서 너무나 동떨어진 주제에 대한 이야기를 시작할 때 우리가 귀를 닫아 버리는 것과 같습니다. 이 말이 사실

예수님의 접근 59

인지 의문이 생긴다면 다음과 같은 상황을 상상해 보십시오. 어느 날 저녁에 라디오를 듣고 있는데, 아나운서가 "곧 '형이상학에 대한 논리적 실증주의자들의 반박'이라는 제목으로 대담을 보내드리겠습니다"라고 말합니다. 그 말을 듣자 우리 대부분은 라디오를 꺼버리려고 할 것입니다. 그런데 바로 그때 대담 출연자가 나오더니 "지난 일요일에 교회에 갔는데 목사님께서 말씀하시기를…"라고 말합니다. 그리스도인이라면 아마도 그 말을 들으면 비록 그 대담의 제목에 대해선 관심과 흥미가 없을지라도 대개 라디오를 그냥 켜둘 것입니다. 이는 출연자가 그리스도인들의 마음에 교두보를 만드는 것으로 시작했기 때문입니다.

우리는 주위에 있는 많은 사람들이 마치 우리가 형이상학에 대한 논리적 실증주의자들의 반박에 대해 흥미가 없는 것만큼 기독교 신앙에 대해 관심과 흥미가 없을 수도 있다는 사실을 직시해야 합니다. 우리의 말에 귀를 기울이도록 하려면 그들이 현재 있는 곳, 그들의 관심이 있는 곳에서 시작해야 합니다.

이것은 우리가 생각하는 만큼 어려운 일은 아닙니다. 우리는 주위의 사람들과 공통된 문화 배경을 가지고 있고, 신문, 라디오, TV 등에서 접한 것들이 그들과 공통되며, 세계의 정세에 대해 공통된 관심을 가지고 있기 때문에, 그리스도인들은 만나는 거의 대부분의 사람들과 공통 관심사를 가지고 있습니다.

주님의 복음을 전파하려고 할 때 각 사람을 기독교 신앙에 관한 주제로 이끌기 위한 여러 방법을 일일이 목록으로 작성해 두어야 한다는 말은 아닙니다. 예수님께서는 어떤 두 사람에게도 같은 방법으로 접근하신 적이 없는데, 이는 세상에 똑같은 사람은 하나도 없기 때문입니다. 그러나 예수님의 마음은 하나님의 사랑과 사람들에 대한 긍휼로 가득 차 있었습니다. 그분의 생각은 사람들의 흥미와 관심사로 가득 차 있었습니다. 그분의 마음과 생각으로부터 그들의 마음과 생각으로 끊임없이 다리가 놓여졌습니다.

(3) 사람들의 말에 귀를 기울이심

예수님께서는 잘 경청하시는 분이셨습니다. 자신이 사람들에게 접근하실 때나 사람들이 자신에게 접근할 때, 예수님께서는 그들을 가르치시기 전에 먼저 그들의 말에 귀를 기울이시는 것을 자주 볼 수 있습니다.

니고데모가 밤에 예수님께 물어보기 위해 찾아왔을 때, 예수님께서는 그가 목적하고 온 바를 행하도록, 즉 그가 속에 품은 말을 하며 질문을 할 수 있도록 해주셨습니다(요한복음 3:1-15).

열두 제자들이 전도 여행에서 돌아와서, 자기들이 행한 바를 예수님께 말씀드릴 때 그들의 말을 경청하고 계시는 예수님을 봅니다. 조금 후 예수님께서는 배고픈 무리들을 위해 무엇을 할 수 있는지에 대한 제자들의 의견에 귀를 기울이고 계십니다(누가복음 9:10-17). 그리고 기록되어 있는 그 다음 사건에서, 주님께서는 제자들에게 사람들이 자기를 누구라고 생각하고 있는지 물어보시고 그들의 대답들에 귀를 기울이고 계십니다(18-20절).

부활하신 후, 예수님께서는 엠마오로 가는 두 제자에게 성경을 풀어 주시기 전에 먼저 그들의 모든 희망과 실망을 자신에게 말하게 하셨습니다(누가복음 24:13-27).

우리가 남의 말을 잘 경청하는 법을 배우지 않는다면 예수님의 선교에 별로 쓸모없는 사람이 되고 말 것입니다. 그 이유로는 다음 세 가지가 있습니다.

첫째, 우리가 할 일은 우리가 할 수 있는 모든 방법을 동원하여 사람들을 도와주는 것인데, 사람들을 돕는 한 가지 방법이 그들의 말을 경청해 주는 것입니다. 왜냐하면 많은 사람들은 코르크 마개로 밀봉된 병과 같기 때문입니다. 그들에게 가장 필요한 것은 다른 어느 무엇보다 그 마개를 따줄 사람입니다. 단지 그들의 말을 귀 기울여 들어 줄 사람, 즉 병에서 나오는 모든 것을 먹어 줄 사람을 필요로 하고 있습니다.

둘째, 사람들로 하여금 하고 싶은 말을 할 수 있게 해주지 않으면 그들은 우리가 하고 싶은 말을 할 때 평안한 마음으로 듣지 못할 것입니다. 우리 모두는 무슨 말을 하고는 싶으나 도무지 한마디도 끼어들 수가 없었던 그런 경험이 있을 것입니다. 우리가 말을 독점하고 있어 사람들이 한마디도 거들 수가 없으면 그들도 틀림없이 우리의 말에 귀를 기울이지 않을 것입니다.

세 번째 이유는, 사람들의 현 위치에서 출발하는 일의 중요성을 다룬 앞의 내용과 관련이 있습니다. 그들이 우리에게 말해 주기 전에는 우리는 그들이 지금 어디에 있는지를 도무지 알 수가 없습니다. 그들의 말을 귀 기울여 주의 깊게 들어 보십시오. 그들이 보내고 있는 '작은 조난 신호들'을 포착하십시오. 그들의 삶속에 있는 민감한 점들을 알아차리십시오. 그러면 그들이 현재 있는 곳을 거의 알아낸 것이나 다름없습니다. 거기서 출발하여 선교 사역을 하십시오. 그러면 그들에게 의미 있는 선교 사역을 시작할 수가 있습니다.

이미 말씀드렸듯이 똑같은 사람이 하나도 없다면 아무도 똑같은 방법으로 다룰 수는 없으며, 바로 그 사실이 예수님의 사역에 동참하고 있는 그리스도인들이 잘 경청하는 사람이 되어야 하는 아주 좋은 이유인 것입니다.

(4) 문제의 뿌리를 찾으심

예수님께서는 사람들의 삶을 피상적으로 다루신 적이 한 번도 없습니다. 또한 표면상 그들의 필요처럼 보이는 것을 그들의 가장 중요한 필요로 간주하지도 않으셨습니다.

사람들이 예수님께서 가르치고 계시던 집의 지붕을 뜯고 병자한 사람을 달아 내렸습니다. 그 사람은 중풍으로 고생하고 있었습니다. 그러나 우리가 앞에서 예수님께서 사람을 전인으로 보신다는 데 대한 실례로서 이 사건을 다룰 때 살펴보았듯이, 예수님께서는 다른 사람들이 보는 수준에서 이 사람의 필요를 보지 않으셨습니다. 방 안에 있는 사람들은 그 사람의 가장 큰 문제는 중풍이라고 생각했겠지만, 예수님께서는 그의 문제의 뿌리를 알고 계셨습니다. 그래서 "소자야, 안심하라. 네 죄 사함을 받았느니라"고 말씀하심으로 먼저 그 중풍병자의 죄 문제를 해결하여 주셨습니다(마태복음 9:2-7).

부자 청년 관원은 자기 삶에 부족한 면이 있다는 생각이 들었으나 그게 과연 무엇인지는 몰랐습니다. 그는 계명들을 지켰지만, 그럼에도 뭔가 바로잡아야 할 것이 아직도 있다는 느낌을 가지고 있었습니다. 예수님께서는 그 이면을 살피셨고 그의 문제의 뿌리를 찾아내셨습니다. 그 젊은이의 가치관이 그릇되어 있었던 것입니다. 그는 부자였으나 그 재산은 하나님께 드려져 있지 않았습니다. 다른 사람들은 가난하고 그는 부자인데도 그는 마음에 아무 짐도 느끼지 않고 있었습니다. 그래서 예수님께서는 그의 문제의 뿌리를 드러내셨습니다(마가복음 10:17-22).

베데스다 연못가의 병자(요한복음 5:2-9)는 예수님께서 그 누운 것을 보시고 "네가 낫고자 하느냐?"고 물으셨을 때 놀랐을 것입니다. 낫기를 원하지 않는다면 무엇 때문에 수많은 병자들 틈에서 고생을 하고 있겠느냐고 예수님께 반문했을지도 모릅니다. 그렇지만 예수님께서는 그가 매우 오랫동안 앓아 왔다는 것을 알고 계셨습니다. 이 사람처럼 38년간이나 불구로 지내다 보면 자기 스스로는 아무것도 할 수 없는 상태가 되어 버려, 모든 것을 스스로가 해야 하는 삶으로 바꾸는 것이 쉽지 않습니다. 그는 거의 40년 동안을 아무 일도 할 수 없었습니다. 만약 고침을 받는다면 그 다음날 당장 일자리를 구하러 나가야 합니다. 더구나 새 일자리를 잡기엔 나이가 너무 많습니다. 아마도 이 때문에 예수님께서는 "네가 낫고자 하느냐?" 하고 물으심으로 그가 고침을 받음으로 그에게 닥칠 변화를 받아들일 태세가 되어 있는지 스스로 알아보게 하신 것 같습니다.

사람들이 제시하는 표면적인 문제 밑에 감추어져 있는 근본적인 문제를 알아내는 데 있어 예수님처럼 독특한 기술을 소유하고 있는 이는 없습니다. 그러나 우리가 가진 통찰력으로도 어느 정도는 해낼 수 있습니다. 경험이 쌓일 때 통찰력이 증가하듯 영적 경험이 쌓일 때 영적 통찰력이 증가합니다. 이처럼 통찰력을 사용하여 문제의 뿌리를 간파하는 데는 많은 지혜가 필요합니다. 지나치게 깊이 파고들거나, 너무 성급하게 결론으로 비약하지 않도록 주의해야 합니다. 그러나 사람들의 문제의 뿌리를 찾는 데 힘쓴다면 좋은 결과를 거두게 될 것입니다. 일반적으로, 많은 지적인 문제 뒤에는 정신적인 문제가, 많은 인간관계상의 문제 뒤에는 성격상의 문제가, 많은 물질적인 필요 뒤에는 영적인 필요가 자리 잡고 있습니다.

(5) 사람들의 질문을 진지하게 받아들이심

그리스도인 일꾼들 가운데는 사람들의 문제의 뿌리를 알고자 하는 열망이 너무 앞서 파고드는 데 너무 급급한 나머지 사람들의 질문에 답하는 데는 시간을 들이지 않으려 하는 사람들이 있습니다. 예수님께서는 그렇지 않으셨습니다.

예수님께서는 사람들의 말에 귀를 기울이셨다는 사실은 이미 살펴보았습니다. 주님께서는 그 이상을 하셨습니다. 그들의 말하는 바를 진지하게 받아들이셨으며, 그들의 질문에 답변하셨습니다. 심지어 그들의 질문에 악한 의도가 깔려 있는 경우에도 그러하셨습니다.

마가복음 12:13-34을 주의 깊게 읽어 보면, 그들의 질문 가운데 어떤 것은 예수님을 올무에 걸리게 하려고 던진 것이었습니다. 이런 사실을 알고 계시면서도 예수님께서는 바리새인들과 헤롯당원들 및 사두개인들의 질문에 참으로 진지하게 대하셨습니다.

또한 요한복음 4:16-26에 나오는 사마리아 우물가의 여인 이야기에서도 또 다른 실례를 볼 수 있습니다. 앞서 살펴보았듯이, 예배 장소로 어디가 옳으냐 하는 그녀의 질문은 아마도 예수님의 관심을 자기의 개인적인 삶에서 다른 데로 돌리기 위해 제기된 것 같습니다. 그러나 주님께서는 화제를 바꾸려는 그녀를 책망하시거나 그 질문을 무시하지 않으셨습니다. 그 대신, 그 질문을 액면 그대로 받아들이셔서 진지하게 답변해 주시되, 하나님께는 우리의 예배하는 태도가 예배하는 장소보다 더 중요하다고 말씀하셨습니다.

누가복음 10:25-37에 나오는 율법사는 예수님을 시험하기 위해 영생에 대한 질문을 했다고 누가는 기록하고 있습니다. 그러나 예수님께서는 늘 그러셨듯이 그 질문도 진지하게 받아들이셨습니다. 그 뒤, 그 사람이 자기를 옳게 보이려고 "그러면 내 이웃이 누구오니이까?"라고 묻자 예수님께서는 착한 사마리아인의 비유로써 인상 깊게 그 질문에 답해 주셨습니다.

선교 사역에 동참하고 있는 모든 사람들은 어떤 사람을 설득에 의해 그리스도인이 되게 할 수 있는 경우는 별로 많지 않다는 것을 알고 있습니다. 그러나 이 말이 곧 불신자들의 질문을 귀담아 듣지 않아도 된다거나 그 질문들을 무시해도 좋다는 의미는 아닙니다. 누가복음 10장에 나오는 율법사의 경우처럼 때때로 사람들은 자기를 옳게 보이려고 그런 질문을 하는 수도 있습니다. 그렇다고 해서 사람들이 기독교 신앙에 대해 어려운 질문을 할 때마다 그것을 단순히 복음의 도전을 회피하기 위한 연막전술이라고만 간주해서는 안 됩니다.

마음속에 순수한 지적 문제를 가진 사람들이 점점 늘어나고 있으며, 그들은 우리 속에 있는 소망에 관한 이유를 묻는 이들에게 대답할 것을 우리가 항상 예비하고 있기를 기대합니다(베드로전서 3:15). 영적으로 어린 그리스도인들은 종종 자신이 역부족이라는 것을 깨닫는데, 그들은 토의를 통해 성취할 수 있는 것에는 한계가 있음을 반드시 기억해야 합니다. 그러나 우리가 사람들의 질문에 아예 답하려 들지도 않는다면 그들은 우리가 대답할 말이 없는 것으로 결론짓게 될 것입니다.

사람들의 질문에 대답할 수 있도록 준비하기 위해서는 우리의 믿음에 대해서도 깊이 생각해 보아야 합니다. 이 말은 우리의 믿음과 소망에 대하여 다른 사람에게 증거할 수 있도록 성경을 알며 기본적인 교리들을 이해하고 있어야 한다는 것을 의미합니다. 이 일을 회피할 수는 없으며, 주님께서 사람들의 질문들을 진지하게 받아들이셨다면 우리도 주님의 도움으로 그렇게 해야 합니다.

(6) 때때로 부탁을 하심

자주는 아니지만 가끔 예수님께서는 처음으로 어떤 사람에게 접근하실 때 그에게 부탁을 하셨습니다.

우물가의 여인에게 예수님께서 하신 첫 말씀은 "물을 좀 달라"였습니다. 그녀는 놀랐습니다. 유대인과 사마리아인은 상종을 하지 않는데도 유대인인 주님께서 사마리아 여자인 그녀에게 물을 좀 달라고 하셨기 때문입니다(요한복음 4:7-9).

또한, 예수님께서 삭개오에게 처음으로 하신 말씀은 "삭개오야, 속히 내려오라. 내가 오늘 네 집에 유하여야 하겠다"였습니다. 그러자 삭개오는 올라가 있던 뽕나무에서 급히 내려와 즐거워하며 예수님을 영접했다고 누가는 기록하고 있습니다. 우물가의 여인의 경우에서처럼 이번에 예수님께서 이 부탁을 하신 것도 깜짝 놀랄 일이었습니다. 삭개오가 너무나 기뻐한 것을 보면, 이 제안은 그가 전혀 기대할 수도 없었던 영광이었던 것 같습니다. 예수님과 함께 걸어가던 무리 가운데서는 "저가 죄인의 집에 유하러 들어갔도다"라고 비난하는 수군거림이 들려왔습니다(누가복음 19:1-10).

이 사건들은 두 가지 공통된 특징을 가지고 있습니다. 첫째, 우물가의 여인과 삭개오는 둘 다 어느 정도 사회에서 버림받은 사람들이었습니다.

우물가의 여인은 자기의 삶의 방식에 대한 다른 사람들의 비난에 접하는 것이 두려워 아마도 다른 사람들이 물 길으러 오지 않을 것 같은 더운 시간인 정오 무렵에 물을 길으러 온 것으로 생각됩니다.

삭개오 또한 자기 자신이 소외자라고 느끼고 있었을 것입니다. 고위 공무원인 그가 왜 예수님을 보기 위해 나무에 올라감으로써 자기 품위를 떨어뜨릴 필요가 있었는지 의아스럽다는 생각이 들기도 합니다. 그의 키가 작기 때문에 무리들은 그가 예수님을 잘 보기 위해 앞줄로 나가도 개의치 않았을 것 같습니다. 더구나 그는 세리장이라는 지위에 있었습니다. 그러나 돈과 지위는 있었지만 그는 인기 없는 직종에 종사하고 있었고, 더구나 다른 세리들을 감독하는 책임자라는 사실과 정직하지 못한 방법으로 부자가 되었다는 평판 때문에 그는 특히 많은 욕을 먹고 있었을 것입니다. 거기다, 키가 매우 작은 사람들이 더러 느끼는 무력감 같은 것을 그가 느끼고 있었다면, 우리는 그가 왜 감히 무리 사이를 헤치고 앞으로 나아가는 모험을 하기 싫어했는지를 이해할 만합니다.

예수님께서 부탁을 하신 이 두 사건의 또 다른 공통된 특징은 예수님의 부탁이 너무나 뜻밖이었다는 사실입니다. 두 경우 다 통념을 완전히 흔들어 놓는 부탁을 하셨습니다.

이 모든 특징은 예수님의 선교에 참여하고 있는 사람들에게는 주의 깊게 생각해 볼 만한 가치가 있습니다.

이 세상에는 외로운 사람들이 많이 있습니다. 그들의 가장 큰 필요는 누군가에게 쓸모 있는 사람이 되는 것입니다. 그들은 "주님, 저로 쓸모없는 삶을 살지 않게 해주소서"라는 요한 웨슬리의 기도를 되풀이하고 있을 것입니다. 때때로 쓸모 있는 사람이 되고자 하는 그들의 열망은 독립적이 되기를 좋아하는 사람들 즉

'남에게 신세 지기를 싫어하는' 사람들 때문에 실현되지 못하고 있습니다. 이런 사람들은 다른 사람들에게 좀 더 호의를 구하고, 좀 더 자주 조언을 구하며, 좀 더 자주 도움을 청하는 것이 얼마나 그들을 크게 섬기는 것인지를 모르고 있습니다.

예수님께서 사마리아 여인과 삭개오에게 호의를 구했을 때 그들은 깜짝 놀랐습니다. 이처럼 스스로 아무에게도 쓸모없는 사람이라고 생각하는 사람들에게 우리가 도움을 구할 때 그들은 깜짝 놀랍니다. 예수님께서 삭개오의 집에 머물러 들어가셨을 때 무리들의 비난을 받으신 것처럼, 우리도 그런 경우에 다른 사람들의 비난을 받을 수 있습니다. 틀림없이 당시의 그 무리 가운데는 이 세리가 아니라 자기가 예수님의 요청을 받아야 한다고 느낀 선한 삶을 사는 사람들도 있었을 것입니다. 때때로 교회 생활에서도 이런 사람들이 있습니다. 목사가 새 신자들을 회중 가운데로 끌어들이며 그들에게 소속감을 느끼게 해주려고 그들에게 도움을 청할 때, 기존 교인들 중에 원망하는 사람들이 있을 수 있습니다. 그 교회에 오래 다닌 기성 신자들 가운데 목사님이 자기에게 도움을 청하는 것이 마땅하다고 생각하며 소외감을 느끼는 사람들이 있는 것을 보게 됩니다. 청년 지도자들이 자기 리더십하에 있는 젊은이들을 규합하려고 할 때도 동일한 문제에 직면할 수 있습니다.

이미 살펴보았듯이, 사람들에게 호의를 구하는 것이 종종 그들의 마음으로 통하는 길이 되며 그들을 섬기는 것이 된다는 것은 사실이나, 그 일은 기도 가운데 지혜롭게 행해야 합니다. 예수님께서 아무에게나 도움을 요청하지는 않으신 것은 어떤 사람에게는 그것이 적당한 방법이 아니기 때문입니다. '혹시 나에게 짐을 지우며 나를 이용하려고 하지 않을까?' 하고 생각하는 사람들도 있습니다. 그들에게는 부탁을 하지 않는 편이 좋을 것입니다.

리빙스턴은 경험을 통해 도움을 청하는 것의 중요성을 깨달았습니다. 그는 추장인 음펜데와 친구가 되기 위해 노력하고 있었는데, 추장은 백인들이 부족 사람들을 끌고 가 노예로 삼을까 봐 두려워 모든 백인을 의심하고 있었습니다. 어느 날 리빙스턴은 환자를 강 건너로 운반하기 위해 추장에게 사람을 보내어 카누 한 척을 빌려 달라고 부탁했습니다. 그 즉시 추장의 태도는 변화되었고, 선교사 탐험가인 리빙스턴에게 마음이 끌리기 시작했습니다. 추장은 이렇게 말했습니다. "진정한 친구가 아니라면 내게 도움을 요청해 올 리가 없어."

예수님께서는 우물가의 여인과 삭개오에게 진정한 친구로서의 자신을 나타내셨습니다. 그리스도인과 교회로부터 동일한 우정의 표시를 기대하는 사람들이 오늘날에도 많이 있습니다.

(7) 억지로 강요하지 않으심

예수님의 태도를 공부할 때 관찰했듯이 예수님께서는 쉽사리 사람들을 포기하지 않으셨습니다. 그러나 사람들에게 접근하는 주님의 방법이라는 주제를 마무리하기에 앞서 우리가 주목해야 할 점은, 주님께서는 사람들에게 자기 자신을 받아들이도록 무리하게 강요하지 않으셨다는 것입니다.

광야에서 시험을 받으실 때, 예수님께서는 사람들로 자기를 믿지 않을 수 없게 만드는 그런 접근 방식은 거부하셨습니다(마태복음 4:1-10). 강요된 믿음은 믿음이 아닙니다. 예수님께서는 병 고쳐 준 사람들에게 그 사실을 나가서 이야기하지 말라고 말씀하신 적이 있는데(마가복음 1:43-44, 5:43, 7:36 참조), 여러 이유가 있을 수 있겠지만, 그중 한 가지가 자기에 대한 사람들의 믿음이 그들이 본 기적에 기초하는 것을 원치 않으셨기 때문이었을 수도 있습니다.

예수님께서는 복음을 전하도록 제자들을 보내시면서, 어떤 성이나 동네에 들어갔는데 그곳 사람들이 그들을 영접하지 않으면 거기를 떠나 다른 곳으로 가라고 하셨습니다(누가복음 9:5-6, 10:10-11). 발의 먼지를 떨어 버리고 다른 곳으로 떠나라고 하셨는데, 이 말씀에서 예수님께서는 열두 제자들과 칠십 인의 제자들이, 듣기 싫어하는 사람들에게 복음을 강요하려 들지 말고, 가급적 많은 사람들에게 복음을 들을 기회를 부여하길 원하신다는 사실을 명백히 보여 주셨습니다. 그들은 나가 각 마을에 두루 다니며 곳곳에 복음을 전하였습니다.

예수님 일행이 예루살렘을 향하여 가다가 사마리아인의 한 동네에 들어갔는데, 예루살렘을 향해 간다는 이유로 받아들이지 않았습니다. 야고보와 요한이 이를 보고 분개하여 하늘에서 불이 내려와 그 동네를 불살라 버리기를 원했습니다. 하지만 예수님께서는 야고보와 요한과는 달리 자신이 거부되었다고 해서 분개하지 않으셨습니다. 예수님께서는 두 제자를 꾸짖으시고, 자기에게 닫힌 그 동네의 문을 다시 두드리지 않으시고 제자들을 데리고 다른 동네로 가셨습니다(누가복음 9:51-56).

누가복음에는 이 사건 바로 뒤에 세 사람의 제자 후보생에 대한 이야기가 나옵니다. 여기서도 예수님께서는 사람들에게 자신을 강요하지 않으신다는 사실을 잘 볼 수 있습니다. 첫째 사람은 예수님께서 어디로 가시든지 따라가겠다고 자원했습니다. 그러나 예수님께서는 그에게 만약 제자가 되면 집도 없이 살아야 할지도 모른다는 점을 상기시키셨습니다. 두 번째 사람은 예수님의 부름을 받았으나 자기 아버지가 죽어 장사를 지낼 때까지는 그냥 있게 해달라고 했습니다. 세 번째 사람은 제자가 되겠다고 해놓고선 먼저 집에 가서 가족들에게 작별을 고하기를 원했습니다(누가복음 9:57-62).

이 구절들을 통해 보면, 예수님께서는 어떤 식으로든 제자도를 쉬운 것으로 만드시거나 따르는 자를 억지로 모집하려고 하지 않으셨다는 것을 분명히 알 수 있습니다. 예수님께서는 "아무든지 나를 따라오려거든 자기를 부인하고 날마다 제 십자가를 지고 나를 좇을 것이니라"(누가복음 9:23)고 말씀하셨는데, 이 말씀은 마치 사람들의 의욕을 꺾으려고 하시는 것처럼 보입니다. 주님께서는 자신을 누구에게도 강요하기를 원치 않으신다는 사실을 확실히 보여 주고 계셨습니다.

물론 여기서 우리가 다루고 있는 내용과 예수님께서 쉽게 포기하지 않으셨다는 내용은 서로 모순된 것처럼 보입니다. 그러나 두 가지 다 복음서에서 입증된 사실이며, 선교에 관해 생각할 때 둘 다 기억해야 할 사항입니다.

기독교 사역에서 쉽게 포기하지 않는 일의 중요성은 이미 강조했습니다. 이제 우리는 예수님께서 자신을 사람들에게 강요하지 않으셨다는 사실이 함축하고 있는 바를 살펴볼 필요가 있습니다.

먼저 신학적 관점에서 살펴볼 필요가 있습니다. 만약 우리가 사람들에게 복음을 받아들이도록 강요한다면, 이것은 사람들이 복음을 받아들일지의 여부는 성령의 역사보다는 우리의 노력과 압력에 더 좌우된다는 말이 됩니다. 전도의 핵심은 복음을 널리 반포하는 것이지 결과를 만들어 내는 게 아닙니다. 만약 그렇지 않다면 어느 불교 국가에 파송되어 20년 동안 열심히 복음을 전했지만 한 사람의 결신자도 얻지 못한 충성된 선교사는 그동안 복음을 전하지 않은 게 될 것입니다. 우리의 사명은 말과 행동으로 복음을 전하는 것입니다. 오직 성령께서만이 어떤 사람을 거듭나게 하실 수 있으며, 복음을 전하는 전도자가 아니라 복음을 들은 바로 그 사람만이 예수님을 영접할지 거부할지를 결정할 수 있습니다.

이 문제는 또한 전략적 관점에서도 살펴볼 필요가 있습니다. 오늘날에는 어떤 사람을 강압적으로 밀어붙이거나 세뇌시켜 예수님을 믿게 하려고 해서는 안 됩니다. 오히려 그것은 그로 더 멀어지게 할 수 있습니다. 아무리 미숙해 보이는 사람일지라도 대개 그들은 자신의 일에 대해 결정권을 가진 떳떳한 어른으로 대우받고 싶어 합니다. 의사소통과 광고에 관한 사람들의 전반적인 사고방식도 변해 왔습니다. 이제는 더 이상 기업들도 소비자들에게 즉시 자기 제품을 사라고 강요하지 않습니다. 그들은 고객들의 존엄성과 자존심을 존중하면서, 과거보다는 훨씬 더 부드럽고 교묘한 방법으로 구매를 유도합니다. 방문 판매를 하는 세일즈맨들까지도 결코 강요를 하지 말도록 훈련받고 있습니다.

물론 교회가 세상의 방법을 따라 사역 방법을 결정해서는 안 됩니다. 그러나 교회의 선교 방법이 까닭 없이 각 사람이 속한 문화적 배경을 정면으로 거스를 필요는 없습니다.

강요에 의해 사람들을 하나님의 나라로 이끌려고 해서는 안 된다고 했지만, 이 말을 오해해서는 안 됩니다. '받아들이거나 말거나' 하는 식으로 무심하게 복음을 전해도 좋다는 말은 아닙니다. 우리가 불타는 강한 확신을 가지고 있다면 그 강한 확신은 드러나야만 합니다. 우리는 사람들이 예수님을 믿기를 간절히 바라고 있으면서도 그보다 덜 간절하게 바라고 있는 듯이 가장해서는 안 됩니다. 사도들의 복음 증거에 대해 신약성경은 다음과 같이 기술하고 있습니다. "베드로가… 또 여러 말로 확증하며 권하여 가로되, '너희가 이 패역한 세대에서 구원을 받으라' 하니"(사도행전 2:38-40). "사울은 힘을 더 얻어 예수를 그리스도라 증명하여 다메섹에 사는 유대인들을 굴복시키니라"(사도행전 9:22). 선교 사역은 긴급한 일이며, 우리가 그렇게 믿고 있다는 사실이 드러나야 합니다. 결국 여기서 이야기하고자 한 바는, 성령은 전혀 의뢰하지 않고 모든 것을 우리가 떠맡으려 하는 듯한 함정에 빠져들어서는 안 된다는 것입니다. 우리는 각 사람의 존엄성을 존중해야 하며, 사람들의 삶이라는 집을 부수고 들어가는 강도처럼 보여서는 안 됩니다. 예수님처럼 우리는 우리의 메시지를 다른 사람들에게 간절한 마음으로 강하게 권하되 억지로 받아들이도록 강요하지는 말아야 합니다.

3 예수님의 방법

(1) 사람들을 찾아다니심
(2) 때때로 두 사람을 함께 다루심
(3) 함께 식사를 하심
(4) 가정을 사용하심
(5) 사람들을 훈련하는 데 많은 시간을 들이심
(6) 가르치는 방법이 중요함을 아심
(7) 성경 말씀으로 가르치심
(8) 양자택일의 결단을 요구하심
(9) 주님 자신에 대한 명확한 믿음을 갖도록 이끄심
(10) 할 일을 주심
(11) 메시지와 능력을 받기 위해 아버지께로 나아가심

예수님께서 무슨 선교의 '기술'을 가지고 계셨다는 말에 대해서는 아마도 거부 반응을 나타낼 것입니다. 그러나 예수님께서 하나님의 선교를 수행하시는 방식이 있었습니다. 우리는 예수님의 선교 방법으로부터 많은 것을 배울 수 있습니다.

(1) 사람들을 찾아다니심

선한 목자이신 예수님(요한복음 10:11)께서는 길 잃은 한 마리의 양을 찾기 위해 아흔아홉 마리를 들에 두고 그 한 마리를 찾아 나서서 그 양을 찾을 때까지 찾는 목자와 같으셨습니다(누가복음 15:4). 예수님께서는 이스라엘 집의 잃어버린 양에게로 보내심을 받으셨습니다(마태복음 15:24). "길과 산울 가로 나가서 사람을 강권하여 데려다가 내 집을 채우라"(누가복음 14:23)고 하시는 하나님께로부터 보내심을 받으셨습니다.

예수님께서는 사람들을 찾아 멀리 가실 필요가 없었습니다. 보통 예수님을 찾아오는 사람들이 많았기 때문입니다. 이 사실은 예수님께서 사람들을 위해 어떻게 자신을 허비하셨는지를 살펴보면 금방 알 수 있습니다. 그러나 예수님께서 갈릴리와 유대에서 사역을 하셨다는 바로 그 사실이 직접 사람들을 찾아다니셨다는 증거입니다. 세례 요한은 성읍과 촌에서 물러 나와 광야에서 지냈으며, 사람들과의 접촉도 대부분 그런 환경에서 이루어졌습니다. 그러나 예수님께서는 사람들이 있는 곳으로 찾아가셨습니다. 사람들이 모이는 회당에서 가르치셨고, 그들의 집에 가서 앉으셨으며, 그들이 사는 거리에서 말씀을 나누셨습니다. 예수님께서는 사람들을 위해 오셨고, 그래서 사람들을 만날 수 있는 곳으로 찾아가셨습니다.

이러한 일반적인 삶의 양식은 그렇다 치고, 복음서를 보면 예수님께서 사람들을 찾아다니셨다는 것을 보여 주는 몇몇 특별한 사건이 있습니다. 예를 들면, 가버나움 사람들이 떠나시지 못하게 만류하자, 예수님께서는 "내가 다른 동네에서도 하나님의 나라 복음을 전하여야 하리니, 나는 이 일로 보내심을 입었노라"고 말씀하셨습니다(누가복음 4:42-44).

변화산 위에서 예수님의 영광이 드러나고 율법과 선지자의 대표 격인 모세와 엘리야가 예수님에 대해 증언하는 것을 보고 베드로는 그곳에 그냥 머물러 있자고 제안했습니다(누가복음 9:28-36). 그러나 그 이튿날 예수님께서는 세 제자를 데리고 산 아래로 내려오셨습니다. 사람들이 있는 곳입니다. 사람들의 필요가 예수님을 기다리고 있었습니다. 즉 귀신 들린 소년과 안타까워하는 그의 아버지와 무력한 제자들이 예수님을 기다리고 있었습니다(누가복음 9:37-43).

우리는 세리 및 죄인들과 예수님의 접촉이 모두 우연히 이루어진 것이었다고 생각해서는 안 됩니다. 예수님께서는 자신이 그들을 돕기 위해 부르심을 입었다는 사실을 알고 계셨으며 그들과의 교제를 바라셨습니다. 삭개오 이야기에서 그 실례를 볼 수 있습니다(누가복음 19:1-10). 마지막으로 예루살렘으로 올라가시는 예수님을 바쁘게 하는 것들이 그날도 많이 있었습니다. 예수님께 있어서는, 함께 길을 가던 사람들과 교제하며, 예수님을 대접하기를 기뻐하는 한 선한 사람의 집에 조용히 들어가 머무시는 것이 더 쉬운 길이었을 것입니다. 그러나 예수님께서는 보다 큰 필요를 가진 사람을 찾으셨습니다. 예수님께서는 삭개오를 부르시더니 자기가 그의 집에 머무르실 수 있겠는지 물으셨습니다. 삭개오는 그의 직업에 관한 한 뛰어난 사람이었을 것입니다. 그러나 하나님께 대한 지식과 선행에 관한 한 그는 잃어버린 사람이었습니다. 그러나 그런 사람을 찾기 위해 예수님께서는 이 세상에 오셨던 것입니다. 이는 그날이 저물 무렵에 하신 "인자의 온 것은 잃어버린 자를 찾아 구원하려 함이니라"(10절)는 말씀 가운데도 잘 나타나 있습니다.

　요즈음에는 어떻게 하면 하나님을 믿을 수 있는지를 물으러 오는 사람들은 적고, 왜 하나님을 믿을 수 없는지를 이야기하러 오는 사람들은 많습니다. 사람들이 찾아오면 우리는 즐거이 그들을 도우려 힘씁니다. 그러나 우리는 결코 사람들이 찾아올 때까지 기다리고 있어서는 안 됩니다. 우리는 그것보다 훨씬 더 어려운 일, 즉 나가서 사람들을 찾아다니는 이 일을 위해 부르심을 입었습니다.

　신약성경의 기본적인 어조는 '오라'가 아니라 '가라'입니다. 신약성경은 옥내 집회에 교회 밖의 사람들을 초청하는 것에 대해 말하고 있지 않습니다. 오히려 그리스도인들이 복음을 전파하기 위해 세상으로 나아가는 것에 대해 말하고 있습니다.

　오랫동안 대부분의 나라의 교회가 '가라'보다는 '오라'를 더 강조해 왔습니다. 심지어 어떤 교회는 어떤 말로도 사람들을 성가시게 하지 않았으며, 마치 회원들이 자기 자신의 유익을 위해 찾아오는 클럽처럼 되었던 적도 있었습니다. 그러나 대부분의 교회는 그보다는 나았습니다. 그들은 적어도 교회 밖의 사람들을 교회로 초대해 왔습니다. 이것도 좋은 일이긴 하나 신약시대 교회의 모습과는 다르며, 복음서가 보여 주는 예수님의 모습과도 다릅니다.

오늘날 교회는 선교에 대한 새로운 관심과 더불어, 교회란 그 자체를 위해 존재하는 것이 아니라 다른 사람들을 위해 존재한다는 사실, 선교란 말에는 보냄을 받았다는 의미가 담겨 있다는 사실, 그리고 우리가 보냄을 받았다면 우리는 세상 사람들을 향해 나아가야 한다는 사실 등에 대해 눈을 뜨고 있습니다.

선거에 임하고 있는 정당을 생각해 보십시오. 어떤 정당이 각 선거구에서 직접 선거구민들을 만나는 일은 아무것도 하지 않고 가능한 모든 도시에서 옥내 집회만 열기로 결정했다면, 그 정당은 선거에서 아마 거의 틀림없이 패하게 될 것입니다. 정치가들은 옥내 집회를 열면 소수의 사람만이 참석하게 될 것이며, 선거구민들을 접하려면 사람들이 있는 곳, 즉 농장, 주택, 공장, 시장 등을 찾아가야 한다는 것을 알고 있습니다.

정당의 후보자들은 사람들이 있는 곳을 열심히 찾아다니는 반면, 교회는 선교를 한다면서도 옥내에 머무르고 있습니다. 이것은 교회가 제공하는 것이 정당이 제공하는 것보다 훨씬 덜 중요한 것 같은 인상을 세상 사람들에게 심어 줍니다. 그런데도 교회는 이 사실을 잘 깨닫지 못하고 있습니다. 생명을 구하는 교회가

표를 구하는 정탐보다 못해서야 되겠습니까?

그렇다면 무슨 목적으로 밖으로 나가 사람들을 찾아다녀야 합니까? 전도와 섬김을 위해서입니다. 한편으로는 복음을 전하고, 다른 한편으로는 사람들을 섬겨야 합니다. 예수님을 전하고 섬기고자 하는 확고한 목표를 가지고 밖으로 나가 사람들을 찾아다녀야 합니다. 다른 어느 것보다 하나의 기대, 곧 사람들이 주님께로 돌아오며 사람들의 필요가 채워질 것에 대한 기대를 가지고 거리에 나가며, 가정을 방문하며, 사람들과 어울리며, 사람들을 섬기며, 복음을 전합니다.

이미 앞에서 말했듯이, 하나님께서는 나가서 선교를 하라고 우리를 보내셨습니다. 선교에는 하나님의 복음을 널리 전하는 것과 필요를 가진 사람들을 섬기는 것, 이 두 가지가 다 포함되어 있습니다. 전도와 섬김은 늘 함께 다닙니다. 예수님께서 그렇게 하셨습니다. 우리는 예수님처럼 복음을 전하고 섬기기 위해 나가서 사람들을 찾아다닐 필요가 있는 것입니다.

(2) 때때로 두 사람을 함께 다루심

요한복음 1:35-39에는 예수님께서 두 사람의 제자 후보생 곧 안드레와 또 한 사람(아마 요한)을 만나 함께 시간을 보내고 계시는 내용이 기록되어 있습니다. 그 다음 구절들에서는 주님께서 안드레와 시몬 베드로, 나중에는 빌립과 나다나엘과 함께 계신 것도 봅니다(요한복음 1:40-49).

이것이 이 다섯 사람과의 첫 만남인 듯하며, 그 후에 다른 복음서에 기록되어 있는 것처럼 처음으로 제자들을 부르신 것 같습니다. 예수님께서는 그들을 부르실 때도 둘씩 부르셨습니다. 즉 시몬과 안드레를 함께 부르셨고, 그 후에 야고보와 요한도 함께 부르신 것입니다(마가복음 1:16-20).

마태복음에는 두 소경이 예수님을 따라오면서 고쳐 달라고 요청한 사건이 기록되어 있습니다. 예수님께서는 그 두 사람의 시력을 회복시켜 주신 후 아무에게도 알리지 말라고 하셨으나, 그들은 그 사실을 그 온 땅에 전파했습니다(마태복음 9:27-31).

예수님께서는 첫 부활절 저녁에 엠마오로 가는 두 제자에게 나타나셔서 부활에 대한 믿음을 심어 주셨고, 집에 들어가셔서 떡을 떼실 때 그들은 예수님을 알아보았습니다(누가복음 24:13-35).

예수님의 사역의 이러한 특징은 우리의 주의를 끕니다. 왜냐하면 개인에게 관심을 가지고 개인 전도만 하다 보면, 두 사람을 한꺼번에 다루는 기회를 놓치는 경우도 있기 때문입니다. 개인 전도를 하는 사람들은 흔히 어떤 사람을 그리스도께 인도하는 데 진척이 있으려면 반드시 먼저 그들을 단독으로 만날 필요가 있다고 생각해 왔습니다.

그러나 한꺼번에 두 사람에게 접근하시는 예수님의 방식은, 때때로 두 친구가 함께 복음을 듣고 함께 그리스도를 구주와 주님으로 영접하는 것이 매우 자연스러운 일이라는 사실에 우리의 눈을 돌리게 해줍니다. 두 친구, 두 형제, 두 자매, 또는 부부처럼 두 사람이 삶에서 긴밀히 연합되어 있는 경우라면, 그들은 어떤 일을 함께 행하는 데 익숙해져 있을 것이고, 그래서 어느 한 사람은 나머지 한 사람 없이는 예수님께 자신을 의탁하는 것과 같은 중요한 결단을 내리는 데 망설이게 될 것입니다. 물론 각 사람이 개인적으로 응답을 해야 하겠지만 종종 그들은 함께 응답할 수가 있습니다. 그리하여 두 사람이 함께 그리스도인의 삶을 시작하면 그들은 서로에게 가장 큰 힘이 되어 줄 수 있습니다.

(3) 함께 식사를 하심

요한복음은 제자들로 하여금 예수님을 믿게 만든 첫 이적은 예수님께서 갈릴리 가나의 혼인 잔치에서 물로 포도주를 만드신 것이라고 기록하고 있습니다(요한복음 2:1-11).

바리새인들의 비난에도 불구하고 예수님께서는 세리들 및 죄인들과 함께 잡수시는 일을 그만두지 않으셨습니다. 세리인 레위는 제자로 따르라는 부르심에 응한 후, 그의 집에서 예수님을 위해 큰 잔치를 베풀었습니다. 그때 초대된 사람들 가운데는 많은 세리들과 다른 사람들이 포함되어 있었습니다. 그런 사람들과 함께 잡수신다고 바리새인과 서기관들이 비방하자, 예수님께서는 건강한 자가 아니라 병든 자가 의원을 필요로 한다고 말씀하셨습니다(누가복음 5:29-32). 나중에 누가복음 15:2에 그러한 비난이 다시 한 번 나옵니다. "이 사람이 죄인을 영접하고 음식을 같이 먹는다."

예수님께서는 이런 비난에 개의치 않으셨으며, 사역을 마무리하실 무렵에도 여전히 똑같은 비난에 직면하셨습니다. 즉 예수님께서 삭개오의 집에 머물러 들어가셨을 때, 사람들은 "저가 죄인의 집에 유하러 들어갔도다"라고 수군거렸던 것입니다. 이 사건을 통해 우리는 예수님께서 다른 사람들이 정죄하고 가까이하기를 꺼리는 이 사람들과 함께 앉아 음식을 드심으로써 어떤 일을 이루실 수 있었는지를 깨닫게 됩니다. 그날 저녁에 삭개오는 새 사람이 되어, 더 이상 자기 배를 채우기에 급급한 사람이 아니라, "내 소유의 절반을 가난한 자들에게 주겠사오며, 만일 뉘 것을 토색한 일이 있으면 사 배나 갚겠나이다"라고 할 정도로 청결한 마음을 가진 사람이 되었습니다(누가복음 19:1-10).

예수님께서 다른 사람과 식사하기를 즐기신다는 사실은 잘 알려져 있어 예수님의 대적들은 예수님을 가리켜 '먹기를 탐하고 포도주를 즐기는 사람'이라고 비꼬았습니다(누가복음 7:34). 이러한 비판은 특히 예수님께서 세리와 죄인들과 함께 음식을 잡수셨기 때문에 주어졌습니다. 그러나 예수님의 가장 가까운 친구의 범주 밖에 있는 사람들 가운데 예수님께서 함께 식사하기를 즐기셨던 사람들은 세리와 죄인뿐이 아니었습니다. 곧 이어 나오는 사건에서, 예수님께서는 바리새인인 시몬의 집에 식사 초대를 받으셨습니다. 그가 예수님을 청한 목적은 예수님을 평가하고 참 선지자인지 판단하기 위한 것인 듯함에도 불구하고, 또 그 당시의 일반적인 예의였던 몇 가지, 즉 사람이 도착하면 발 씻을 물을 주고, 환영의 입맞춤을 한다든가, 뙤약볕 아래에 있다가 들어올 때는 머리에 바를 기름을 주는 등 이 모든 것을 시몬은 예수님께 행하지 않았음에도 불구하고, 예수님께서는 시몬의 초대를 받아 들이셨으며 식사 자리에 함께하셨습니다(누가복음 7:36-50).

　복음서들은 예수님께서 자기를 믿는 사람들의 집에서 음식을 잡수시는 것을 종종 보여 줍니다. 그 하나의 예는 베다니에 있는 마르다와 마리아의 집에서 잡수신 것입니다. 한번은 마리아가 자기를 도와주지 않는다고 마르다가 불평을 했습니다(누가복음 10:38-42). 어떤 사람들은 예수님께서 "마르다야, 마르다야, 네가 많은 일로 염려하고 근심하나… 혹 한 가지만이라도 족하니라"고 하신 것은 주님께는 한 접시의 간단한 음식만 있으면 된다고 말씀하신 것이라고 해석합니다. 예수님으로 하여금 사람들의 집으로 발걸음을 옮기시게 한 것은 진수성찬이 아니었습니다. 그들과 함께 앉아 음식을 드는 기회를 가지시는 것이 주님께는 중요했던 것입니다.

　예수님께서 사람들과 잡수신 가장 색다른 경우는 5,000명과 4,000명을 먹이신 때입니다(마가복음 6:32-44, 8:1-10). 예수님과 함께 한 그 식사를 거기에 있었던 사람들은 두고두고 잊을 수 없었을 것입니다.

　사람들과 함께 음식을 드시는 것이 예수님께 얼마나 중요했던가는 그분의 행적 가운데 잘 나타나 있습니다. 예수님께서 십자가에 못 박히시기 바로 전날 밤에 제자들과 마지막으로 대화를 나누시기 위해 선택한 곳이 식사 자리였으며, 제자들에게 자기를 기억하도록 하기 위해 정해 주신 방법도 떡을 떼며 잔을 나누는 것이었다는 사실은 그리 놀라운 일이 아닙니다(마태복음 26:26-29, 고린도전서 11:23-26).

부활 후에도 예수님께서 제자들과 함께 음식을 잡수신 일이 몇 번 있었습니다. 주님께서는 예루살렘에서 이십오 리 정도 떨어진 엠마오로 가는 두 사람과 동행하셨고 그들의 집에 초대되었습니다. 거기서 주님께서 떡을 가지사 축사하시고 떼어 그들에게 주실 때 그들의 눈이 열려 그분이 누구신지 알게 되었습니다(누가복음 24:28-31). 두 사람은 바로 일어나 예루살렘으로 돌아와 다른 제자들에게 예수님을 만난 이야기를 했습니다. 그 말을 하고 있을 때 예수님께서 친히 그 가운데 나타나, 의심하는 제자들에게 자신의 부활을 말씀하시다가, "여기 무슨 먹을 것이 있느냐?" 하고 물으셨습니다. 이에 제자들이 구운 생선 한 트막을 드리자 받으사 그 앞에서 잡수셨습니다(24:33-43).

복음서가 기록하고 있는 바, 예수님께서 제자들과 마지막으로 함께 음식을 잡수신 때는 부활하신 후 일곱 제자들이 디베랴 바다에 고기 잡으러 갔을 때였습니다. 바닷가에 서 계시던 예수님께서는 그들을 부르셔서 어디에 그물을 내려야 할지를 가르쳐 주신 후, 그들이 큰 고기가 가득 찬 그물을 끌고 바닷가로 나오자 "와서 조반을 먹으라"고 말씀하셨습니다. 그들이 바닷가로 배를 저어 나오는 동안 예수님께서는 그들을 위해 조반을 준비해 놓고 계셨던 것입니다. 그리하여 부활하신 예수님께서는 그들 모두에게 떡과 생선을 가져다 나누어 주심으로 다시 한 번 그들의 시중을 드셨습니다(요한복음 21:1-13).

초대 교회는 우리가 애찬(愛餐)으로 알고 있는 공동 식사를 하였으며, 그 후 몇 세기에 걸쳐 교회는 그와 유사한 것을 행하려는 시도를 했습니다. 초대 감리교회에서도 애찬을 했는데, 참석한 사람들이 물과 작은 케이크를 함께 먹으며 신앙 간증을 나누었습니다. 드물기는 하지만 이러한 애찬이 아직까지 계속되고 있는 곳이 있습니다.

어떤 형식으로든 함께 식사를 하는 것은 중요한 가치가 있습니다. 일부러 만든 딱딱한 행사가 필요한 것이 아닙니다. 가족 파티와 같은 분위기, 즉 믿음의 가족들이 함께 모여 자기들이 먹고 싶은 음식을 즐기며, 서로 교제를 즐기는 그런 분위기가 필요합니다. 격식을 차리지 않는 스스럼없는 분위기에서 유머를 나누고 축제 기분을 느끼면서 예수 그리스도께서 그 가운데 함께 계신다는 사실을 상기하고 하나님께서 우리를 위해 해주신 것들을 자발적으로 나누는 시간을 갖는 것은 특별한 의미가 있습니다. 마태는 자기 친구들을 예수님께 소개하기 위해 예수님을 모시고 그런 잔치 자리를 만든 것입니다. 효과적인 선교를 위해서는 믿음의 가족들이 하나 됨을 느낄 수 있는 이런 행사가 필요하다고 생각합니다.

(4) 가정을 사용하심

예수님께서 친구들이나 세리들 및 다른 사람들과 함께 잡수신 것은 대부분 평범한 가정에서 평범한 식사를 하실 때였습니다.

예수님께서는 사람들과 함께 음식을 드시는 일의 중요성뿐 아니라 가정을 사용하시는 일의 가치를 알고 계셨습니다. 이 두 가지는 대개 동시에 이루어졌습니다. 가정을 사용하는 것은 선교를 위해 중요합니다.

신약성경은 손 대접하기를 힘쓰라고 권면하고 있으며(로마서 12:13, 디모데전서 3:2, 디도서 1:8, 히브리서 13:2, 베드로전서 4:9), 그것은 언제나 그리스도인의 책임으로 간주되었습니다. 그것은 선교의 두 측면인 전도와 섬김 모두를 위해 필요합니다.

예수님께서 선교를 위해 가정을 사용하신 것은 세례 요한의 두 제자가 어느 날 예수님의 뒤를 따라왔을 때부터였습니다(요한복음 1:37-39). 예수님께서는 돌아서서 그들에게 "무엇을 구하느냐?"고 물으셨습니다. "선생님, 어디에 머물고 계십니까?" 하고 그들이 묻자, 예수님께서는 그냥 장소만 이야기해 주시지 않고 "와 보라"고 말씀하셨습니다. 그들은 예수님께서 계시는 곳에 가 보았고 그날 예수님과 함께 지냈습니다. 그리하여 그 두 사람은 그날 그들에게 개방되어 있는 가정이 있었던 덕분에 제자의 길로 들어설 수 있도록 도움을 받았습니다.

그때부터 예수님께서는 가정 안팎에서 활동하고 계신 것을 볼 수 있는데, 때때로 대접을 베풀기도 하시고, 또 그보다는 더 빈번하게 대접을 받으셨습니다. 이러한 개방된 가정에서, 식사 시간 및 그 밖의 다른 시간에, 예수님의 선교는 이루어지고 있었습니다. 누군가가 주님께서 쓰실 수 있게 해드린 이 가정들에서, 병든 자는 나음을 얻고, 복음은 전파되었으며, 사람들의 의문점에는 답이 주어졌으며, 구도자들은 조언을 들었습니다. 예수님의 잘못은 없었지만 집 주인에게 큰 폐가 되는 경우도 틀림없이 있었을 것입니다. 네 사람이 중풍병자를 메고 와서 지붕에 구멍을 내어 병자를 달아 내린 사건이 그런 경우에 속합니다(마가복음 2:1-4). 그러나 방방곡곡에서 가정들이 예수님께 개방되었고, 이 가정들에서 그분의 사역은 계속되었습니다.

오늘날에 있어서는 이런 일의 중요성이 더욱 분명해지고 있습니다. 복음 전파의 측면에서 볼 때, 집에서 그룹으로 갖는 모임은 그 가치를 더해 가고 있습니다. 그 이유는, 과거 어느 때보다 더 교회와 자기들 사이의 간격을 인식하고 있는 많은 불신자들도 흔히 이웃집에 커피를 마시러 가서 그 집 그리스도인의 말을 들을 준비는 되어 있기 때문입니다. 또한 가정은 필요가 있는 사람들을 섬기는 일에도 귀한 가치가 있습니다. 이러한 섬김을 통해 그리스도인들의 필요도 채워 주고, 불신자들의 필요도 채워 줍니다. 그리스도인들은 영적으로 더욱 성장하게 되고, 불신자들은 그리스도를 믿게 됩니다. 가정은 전도와 양육의 장소로 아주 좋은 곳입니다.

마지막으로 한 가지를 더 말씀드려야 하겠습니다. 복음 전파에 참여하고 있는 사람들이면 누구나 경험을 통해 알고 있듯이, 개방된 가정이 그리스도를 찾고 있는 젊은이들을 돕는 데 아주 중요한 역할을 한다는 것입니다. 청년기에 있는 사람들은 누구나 편안한 마음으로 찾아가 이것저것 여러 가지를 의논할 수 있는, 부모님 외에 또 다른 가정을 필요로 합니다. 특히 불신 가정 출신으로서 교회 생활을 시작했거나 예수님을 구주와 주님으로 영접한 청소년들에게는 더욱 절실한 문제입니다. 우리의 경험을 통해 볼 때, 그러한 청소년들이 그리스도인의 삶을 지속해 나가느냐 아니면 불신 세상으로 다시 휩쓸려 들어가느냐 하는 것은 다른 어떤 요소보다도 그들을 위해 개방된 그리스도인 가정이 있느냐 없느냐에 좌우됩니다. 젊은 그리스도인들은 자기의 문제와 곤경, 의심과 의문점 등을 안고 어느 때나 찾아갈 수 있는 누군가를 매우 필요로 하고 있으며, 많은 그리스도인 부부들이 많은 대가를 치르면서 이런 섬김을 제공하고 있습니다. 종종 젊은이들은 언제 방문하는 게 좋은지도, 어떻게 행동해야 하는지도 잘 모릅니다. 그들의 방문으로 인해 때로는 사생활이 크게 침해당하는데도 불구하고, 이들 그리스도인 부부들은 젊은이들에게 가정을 개방하고 있습니다. 예수님의 선교를 위해 언제나 그들의 가정을 활짝 열어 놓은 것입니다.

잘 알다시피, 초대교회는 주로 신자들의 가정에서 모였습니다. 별도의 큰 건물에서 모여 예배를 드리게 된 것은 훨씬 훗날에 가서입니다. 초대교회에서 가정은 선교의 좋은 장이었습니다. 그들은 거기서 복음을 전하고 사랑을 실천하였습니다. 아마도 하나님께서는 이 세대의 우리가 예수님께서 너무나 잘 알고 계셨던 것, 즉 선교를 위해 가정을 사용하는 일의 가치를 재발견하기를 바라고 계실 것입니다.

(5) 사람들을 훈련하는 데 많은 시간을 들이심

예수님께서는 자기의 말을 들으며 자기가 병든 자를 고치는 것을 보기 위해 때로 먼 길을 오기까지 한 많은 무리들만 상대하실 수도 있었습니다. 그러나 예수님께서 그들에게 관심과 주의를 기울이며 그들이 원하는 대로 가르침과 병 고침을 베푸시기는 했어도, 주님의 최고의 우선순위는 분명히 소수를 훈련시키는 것이었습니다.

앞서 우리는 예수님께서 안드레, 베드로, 빌립, 나다나엘, 그리고 요한으로 생각되는 또 한 사람을 만나 교제하기 위해 시간을 들이며 수고를 아끼지 않으시는 것을 보았습니다(요한복음 1:35-51). 또한 첫 네 제자가 고기를 잡다가 부르심을 입은 것(마가복음 1:16-20)과 마태가 세관에 앉아 있다가 부르심을 입은 것(마태복음 9:9)도 다시 한 번 생각해 보았습니다.

열두 제자의 명단은 마태복음 10:2-4, 마가복음 3:13-19과 누가복음 6:12-16에 나와 있습니다. 누가복음 6:12은 예수님께서 밤새도록 기도하신 후에 열두 제자를 선택하셨다고 말하고 있습니다. 이 결정은 분명 예수님께 가장 중요한 것이었습니다.

명단에는 신약성경의 다른 부분에서도 많이 접할 수 있는 이름도 들어 있고 다른 곳에는 전혀 나타나 있지 않은 이름도 들어 있습니다. 그들은 배경, 직업, 타고난 재능 등에서 서로 차이가 있습니다. 그중 한 사람은 배반자가 되기도 했습니다.

마가는 열두 제자를 세우신 이유를 이렇게 기록하고 있습니다. "이에 열둘을 세우셨으니, 이는 자기와 함께 있게 하시고 또 보내사 전도도 하며"(마가복음 3:14). 그들이 예수님과 함께 있는 것은 제자가 되는 훈련이었습니다. 왜냐하면 제자는 배우는 자이기 때문입니다. 전도하러 보내심을 받는 것은 사도가 되는 훈련이었습니다. 사도란 보내심을 받은 사람이기 때문입니다.

복음서의 이야기의 대부분은 이 두 가지 중 첫 번째 것, 즉 제자 훈련과 관계가 있습니다. 예수님에 대한 이야기가 전개되어 감에 따라, 우리는 예수님께서 자신이 훈련시키고 있는 이 열두 명과 많은 시간을 함께 보내고 계신 것을 보게 됩니다.

이따금 예수님께서는 제자들과 개별적으로 이야기를 나누셨습니다. 베드로(누가복음 22:31-34), 안드레(요한복음 6:8-10), 빌립(요한복음 14:8 이하), 가룟인 아닌 유다(요한복음 14:22)와의 대화가 그런 경우에 속합니다. 야고보와 요한(마가복음 10:35-40), 빌립과 안드레(요한복음 12:20-22)와 대화를 나누신 경우처럼 때때로 주님께서는 제자 중 두 사람과 더불어 말씀을 나누셨습니다. 몇몇 경우에는 그분께 가장 가까운 것 같은 베드로, 야고보, 요한, 이 세 제자만이 예수님과 함께 있었습니다. 그 예로는 야이로의 죽은 딸을 살리실 때(누가복음 8:51), 변화산에 올라가실 때(누가복음 9:28), 겟세마네 동산에서 기도하실 때(마가복음 14:33) 등입니다.

그러나 대부분의 경우에는 열두 제자가 다 주님과 함께했습니다. 예를 들면, 열두 제자는 주님과 함께 혼인 잔치에 참석했고(요한복음 2:1-11), 함께 밀밭 사이로 지나갔으며(마가복음 2:23), 함께 바다를 건넜고(마가복음 4:35-41), 집에서 그들의 문제를 함께 상의했습니다(마가복음 9:28).

그러나 그들이 예수님과 함께 있었던 것은 보내심을 받기 위해서였습니다. 복음서는 그들이 참여한 2회에 걸친 전도 여행을 기록하고 있습니다. 열두 제자를 보낸 것은 누가복음 9:1-6에 기록되어 있고, 70인을 보낸 것은 누가복음 10:1-20에 나와 있습니다. 그들은 이러한 전도 여행을 통해 선교 사역을 어떻게 하는지 훈련을 받았습니다.

그뿐 아니라 장차 예수님께서 육신적으로는 그들을 떠나셔서 그들 스스로 사역을 해야 할 때가 올 터인데, 이때를 대비하여 훈련을 받았습니다. 그때가 되면 그들 스스로 그리스도의 복음을 전파하고 사람들을 섬기는 책임을 감당할 수 있어야 하기 때문입니다. 사도행전 당시 베드로를 비롯한 제자들은 선교 사역을 하면서 예수님의 지상 사역 기간 동안 그들이 훈련받고 경험한 것들에 대해 틀림없이 예수님께 감사를 느꼈을 것입니다.

예수님께서 전도 여행을 위해 그들을 보내실 때 주신 세부적인 지침들은 두고두고 적용하도록 하기 위해 주신 것이라기보다는 아마도 그 당시, 그리고 그들의 특수 상황에만 해당되는 것이었을지도 모릅니다. 그러나 예수님께서 제자들에게 시키신 훈련의 실제와 성격에는 오늘날 교회의 선교에서도 실천해야 할 중요한 내용들이 많이 있습니다.

첫째, 예수님께서는 제자들을 훈련하는 데 많은 시간을 들이셨다는 사실이 중요합니다. 때때로 예수님께서 제자들과 시간을 갖기 위해 일부러 무리들을 피하려 하셨다는 사실은 예수님께서 자신의 사역의 이러한 측면에 큰 가치를 부여하셨다는 것을 가리킵니다. 오늘날의 목사들은 자신의 시간 분배와 관련하여 많은 어려운 결정들을 내려야 합니다. 많은 사람들이 다른 사람들을 훈련하는 일에 과거보다 더 높은 우선순위를 부여해야 한다고 느끼고 있습니다. 에베소서 4:11 이하에서 말하고 있듯이 목사와 교사에게 주어진 직무는 하나님의 일을 위해 성도들을 무장시키는 것이라는 사실과 '사역'은 온 교회가 참여하는 사역이 되어야 한다는 사실을 점차 깨달아 가고 있습니다.

둘째, 예수님께서 행하신 것은 어떤 의미에서 목회자 훈련과 평신도 훈련 둘 다에 해당됩니다. 전임 사역자로서 장차 교회에서 주요한 책임을 맡게 될 사람들은 예수님으로부터 약 3년에 걸친 훈련을 받았습니다. 그러나 70인 중에는 열두 제자들과는 달리 예수님과 늘 함께 다니는 그런 특권을 지니지 못한 사람들도 있었을 것입니다. 그들도 책임을 맡으며 주님의 복음을 위임받을 수 있도록 충분히 훈련되었습니다. 교회가 이 사실을 점차 깨달아 감에 따라, 평신도 훈련이 교회 프로그램에서 중요한 역할을 하고 있으며, 교회는 평신도가 훈련을 받아서 해야 할 활동과 목회자가 훈련을 받아서 해야 할 활동이 어떻게 다른지 깊이 생각해 보게 되었습니다.

예수님께서 실시하신 훈련의 세 번째 특징은 그것이 다양하며 형식에 구애받지 않았다는 점입니다. 주님께서는 제자들에게 산뜻하게 포장된 교리 상자를 건네주신 것이 아니라, 오히려 자신이 그들에게 준 지침과 교훈을 기초로 하여 그들 스스로 생각하게끔 만드셨습니다. 예수님께서는 그들이 요청할 때까지는 완전한 설명을 해주시지 않은 적이 많았습니다. 다시 말하면, 그들이 감당할 수 있는 정도의 분량과 속도로만 그들을 인도하셨습니다. 그들은 주님과 함께 살며 주님을 관찰함으로써 배우고 있었습니다.

지난 150년간 대학 교육은 더욱 체계화되면서 많은 발전을 거듭해 왔습니다. 그런데 잘 주목해 보면 흥미로운 사실을 발견하게 됩니다. 그것은 예수님의 훈련의 특성 가운데 일부가 성인 교육에 활용되고 있다는 사실입니다. 거기에서는 사람들이 스스로 생각하고 혼자 힘으로 찾아내도록 격려하며 유도합니다. 또한 모든 질문과 토의와 프로그램이 각기 역할이 있어 개개인의 성장과 발전 속도에 알맞게 맞춤형으로 제공됩니다. 이미 말씀드렸듯이 예수님의 훈련 방법에 이런 것이 다 들어 있습니다. 교회가 조금만 주의를 기울였더라면 선교를 위해 사람들을 훈련하면서 오래 전에 예수님으로부터 이러한 것들을 배울 수 있었을 것입니다.

주목해야 할 네 번째 특징은 예수님께서는 그들과 항상 함께 계셨던 것은 아니며, 그들 스스로 나가서 일을 할 수 있도록 준비시키셨다는 점입니다. 일례로, 그들이 전도 여행을 나섰을 때와 예수님께서 세 제자와 함께 변화산 위에 계실 때 등을 들 수 있습니다. 그때 나머지 제자들은 그들끼리만 남아 고침을 받으러 온 귀신 들린 아이에게서 귀신을 쫓아내려고 시도했습니다(누가복음 9:37-43).

우리는 직접 해봄으로써 배웁니다. 행하는 것은 훈련의 필수적인 부분입니다. 초심자는 먼저 눈으로 보고 귀로 들음으로써 배웁니다. 그 다음에 그가 보고 들은 바를 직접 해봄으로써 배웁니다. 주님의 선교에 참여하고 있는 우리는 때때로 선교를 위해 사람들을 세상으로 내보내는 데 있어 지나치게 소심합니다. 어느 면에서 보면, 예수님께서는 계산된 모험을 하셨습니다. 특히 70인을 내보내실 때가 좋은 예입니다. 70인 가운데는 열두 제자들보다는 덜 훈련된 사람이 틀림없이 있었을 것입니다. 그러나 그 모험은 좋은 결과를 맺었습니다. 그들은 전도를 마치고 돌아와서 기쁨이 넘쳐 보고했습니다. 그들의 기대 이상으로 하나님께서 그들을 사용하셨다고 말입니다. "주님, 주님의 이름으로 명령했더니 귀신들도 우리에게 항복했습니다!"(누가복음 10:17 참조).

마지막으로, 예수님께서 제자들을 팀으로 보내는 방식과 둘씩 짝지어 보내는 방식을 사용하셨다는 사실도 주목할 만합니다. 예수님께서는 열두 제자를 보내실 때 한 팀으로 보내셨습니다. 그리고 칠십 인을 따로 세워 내보내실 때는 전체를 한 팀으로 보내시되 둘씩 짝지어 보내셨습니다. 12명 또는 70명 전체가 한 팀을 이루기도 하고, 둘이 한 팀을 이루기도 했습니다. 이와 같이 한 팀을 이루어 나감으로써, 열두 제자든 칠십 인 제자든, 각 사람은 다른 제자들도 자기와 같은 시간에 같은 일을 하고 있다는 생각을 하며 큰 격려를 얻었을 것입니다. 다른 제자들도 아마 자기가 느끼는 것과 동일한 필요와 어려움에 직면하고 있을 것이라는 생각을 하면 틀림없이 큰 힘이 되었을 것입니다. 제자들을 팀으로 내보내심으로써, 예수님께서는 그들로 하여금 '우리는 모두 하나님의 일꾼으로 하나다'라는 동질의식과 '하나님께서는 능히 우리를 쓰실 수 있다'라는 자신감을 갖게 하신 것입니다. 그리고 예수님께서는 많은 수를 함께 내보내시기보다는 그들을 나누어 둘씩 짝을 지어 내보내심으로써 다른 어떤 방법을 통해서보다 더 널리 축복을 전파하셨습니다.

혹 이런 생각을 하며 궁금해할지도 모르겠습니다. '왜 예수님께서는 제자들을 한 명씩 따로따로 내보내지 않으셨는가? 그랬으면 복음을 보다 더 널리 전파할 수 있었을 텐데.' 주님께서는 인간의 본성을 잘 아셨습니다. 혼자 보내는 것보다 두 사람을 함께 보내면 서로가 서로에게 정신적으로 의지가 된다는 것을 잘 알고 계셨습니다. 누군가가 옆에 있다는 것만으로도 큰 힘이 됩니다. 또한 두 사람의 재능은 서로 보완할 수 있는 경우가 많습니다. 그들이 만난 사람들 가운데 어떤 사람들에게는 이 사람이 더 설득력이 있고, 어떤 사람들에게는 저 사람이 더 설득력이 있을 수 있다는 것을 아셨습니다. 또한 그들이 미숙할 때는 둘이 같이 나가면 언제든지 서로 상의할 수가 있습니다. 또한 한 사람이 복음을 전할 때 다른 한 사람이 옆에서 지켜보면서 속으로 기도해 줄 수도 있습니다. 때에 따라서는 기회를 봐서 적절히 거들어 줌으로써 부가적인 영향을 줄 수도 있습니다. 유대 율법에서는 어떤 사람을 고소하려면 두세 사람의 증인이 필요합니다(신명기 19:15). 복음을 전파할 때 예수님께서는 증인을 둘씩 짝지어 내보내심으로써 서로의 증언을 확증하게 하셨습니다.

오늘날 선교 활동을 하고 있는 많은 사람들이 팀으로 하는 증거와 둘씩 짝지어 나가 하는 증거의 가치를 입증하고 있습니다. 오래 전 예수님께서 사용하신 이 방법은 시대에 관계없이 언제나 효과가 있다는 사실이 입증된 것입니다.

(6) 가르치는 방법이 중요함을 아심

중요한 것을 전달하고자 하는 사람들, 특히 선교의 일익을 담당하고 있는 사람들은 예수님의 교수 방법으로부터 많은 것을 배울 수 있습니다. 예수님의 교수법은 더 깊이 공부해 볼 만하지만 여기서는 몇 개의 요점만 제시하겠습니다.

1. **예수님의 가르침은 단순하면서도 심오했다.** 예수님께서는 평범한 비유와 쉬운 용어로 하나님과 사람에 관한 위대한 비밀들을 가르쳐 주셨습니다. 예수님께서는 길고도 난해한 토의에 들어가거나 추상적인 것들을 많이 다루지 않으셨습니다. 그분의 말씀은 단순했으며, 많은 단어들을 나열하고 있지 않았습니다.

예수님의 말씀이 함축하는 바는 무진장하여 거의 끝없는 생각의 훈련을 하게 합니다. 4복음서에 나오는 "나는 …이다(I am)"라는 말씀의 깊이를 그 누가 다 헤아릴 수 있겠습니까? 이를테면, 나는 세상의 빛이다, 나는 길이다, 나는 진리다, 나는 생명이다. 나는 생명의 떡이다, 나는 선한 목자다 등등. 그리고 예수님의 비유들의 깊이를 누가 잴 수 있겠습니까?

2. **예수님의 가르침은 경험으로부터 시작했다.** 예수님의 가르침은 사람들에게 친숙한 삶, 즉 목자, 농부, 어부, 가정주부, 또는

어린아이의 삶과 연관되어 있었습니다. 돈이나 동물 등과 같은 일상적인 것들이 가르침의 소재였습니다. 예수님의 가르침이 복음서에 기록될 때까지 오랫동안 입으로만 전해져 왔는데도 불구하고 그토록 세세하게 그 내용이 기억될 수 있었다는 사실은 그것이 듣는 사람들에게 얼마나 생생하게 받아들여졌는지를 보여줍니다.

3. 예수님의 가르침은 관심과 주목을 끌었다. 예수님의 가르침은 도전을 주었으며 언제나 깊은 생각을 하게 만들었습니다. 깜짝 놀라게도 만들었고 역설적으로 들리기도 했습니다. 때로 사람들의 분노를 자아내기도 했고, 언제나 그들의 호기심을 불러일으켰으며, 그리하여 그들의 생각을 자극했습니다. 결코 지루하지가 않았습니다. "제 목숨을 구원코자 하면 잃게 된다", "누구든지 으뜸이 되고자 하는 자는 모든 사람의 종이 되어야 한다" 등과 같은 역설로 말씀하시거나, "누구든지 너로 억지로 오 리를 가게 하거든 그 사람과 십 리를 동행하라", "네 오른편 뺨을 치거든 왼편도 돌려 대라" 등과 같이 깜짝 놀랄 만한 말씀을 하실 때 따분함을 느낀 사람은 아무도 없었을 것입니다.

4. 예수님의 가르침은 강하고 힘이 있었다. 예수님의 가르침은 "이처럼 양쪽이 모두 그 나름대로의 일리가 있어 어느 것이 옳다고 한마디로 이야기할 수는 없다"라는 말로 끝을 맺는, 부드럽고 무심하고 '받든지 말든지' 식의 가르침이 아니었습니다. 도처에 나오는 "진실로, 진실로"(헬라어로 "아멘, 아멘")라는 말씀, "다시 너희에게 이르노니" 식의 반복, 그리고 모두 동일한 내용

을 설명하는 몇 개의 비유 등은 예수님께서 반복의 가치를 알고 계셨음을 나타냅니다.

5. 예수님의 가르침은 질문법을 사용했다. 앞서 예수님께서 다른 사람들의 질문을 얼마나 진지하게 받아들이셨는지를 살펴보았습니다. 예수님 또한 자기가 가르치는 사람들에게 종종 질문을 하셨습니다. 예수님께서는 듣는 자들을 현재 가르치거나 행하고 있는 것에 참여시키셨습니다.

선교에 참여하고 있는 그리스도인들은 말하는 내용뿐 아니라 말하는 방법도 중요하다는 것을 명심해야 합니다. 우리는 예수님의 방법을 연구하고 본받아 가르치는 방법에 새로운 변화를 가하며 그것을 선교에 이용해야 할 필요가 있습니다.

(7) 성경 말씀으로 가르치심

예수님의 입술을 통해서는 자주 성경 말씀이 흘러나왔습니다. 예수님께서는 자주 구약성경 말씀을 사용하여 자신에 대해, 그리고 자신이 주려고 온 영원하고 풍성한 생명에 대해 가르치셨습니다.

사역 초기에 예수님께서는 나사렛의 회당에서 이사야 61장을 읽으시고, 이 말씀이 바로 그들의 귀에 응했다고 말씀하셨습니다 (누가복음 4:16-21).

예수님께서 인용하신 또 다른 말씀 가운데는 시편 118:22-23이 있습니다. 마태는 예수님께서 자기 말을 듣는 자들에게 "너희가 성경에 '건축자들의 버린 돌이 모퉁이의 머릿돌이 되었나니

이것은 주로 말미암아 된 것이요 우리 눈에 기이하도다' 함을 읽어 본 일이 없느냐?"(마태복음 21:42)고 말씀하셨다고 기록하고 있습니다.

그 외에도 구약성경 말씀에 관한 언급을 하셨는데, 특히 마태복음에 그런 내용이 많습니다. 그러나 이러한 관점에서 가장 기억할 만한 장은 첫 부활절에 있었던 일을 기록하고 있는 누가복음 24장입니다. 실망한 채 엠마오를 향해 걸어가고 있던 두 제자에게 주님께서는 "모세와 및 모든 선지자의 글로 시작하여 모든 성경에 쓴 바 자기에 관한 것을 자세히 설명하셨습니다"(27절). 그 뒤 그들은 서로 말하기를, "길에서 우리에게 말씀하시고 우리에게 성경을 풀어 주실 때에 우리 속에서 마음이 뜨겁지 아니하더냐"(32절)라고 했습니다.

그날 저녁에 예루살렘의 제자들에게 나타나신 주님께서는 그들에게, "내가 너희와 함께 있을 때에 너희에게 말한 바 곧 모세의 율법과 선지자의 글과 시편에 나를 가리켜 기록된 모든 것이 이루어져야 하리라 한 말이 이것이라"(44절)고 말씀하셨습니다. 그리고 나서 주님께서는 그들의 마음을 열어 성경을 깨닫게 하시고 계속해서, 특히 메시야의 죽음과 부활에 관해 예언한 구절들에 대해 말씀해 주셨습니다(45-47절).

예수님께서는 언제나 구약성경 말씀의 권위를 인정하셨습니다. 예수님께서는 자신이 '율법과 선지자'를 폐하러 온 것이 아니라 완전케 하기 위해서 왔으며(마태복음 5:17), 성경은 자신에 대해 증거하고 있다(요한복음 5:39)고 말씀하셨습니다.

성경 말씀이 예수님의 가르침에서 큰 역할을 담당했다는 사실이 우리가 선교를 할 때 성경 외에는 거의 인용하지 말아야 한다는 것을 뜻하지는 않습니다. 왜냐하면 예수님께서도 성경 말씀을 인용하는 것 외의 다른 방법으로도 자주 가르치셨기 때문입니다. 우리가 만나는 사람들은 예수님께서 가르치셨던 그 사람들만큼 성경을 잘 알지도, 성경의 권위를 인정하지도 않는 것은 사실입니다. 그러나 종종 이러한 상황의 차이를 너무 과장하는 경향이 있습니다. 요즘 사람들이 예수님 당시의 사람들보다 성경을 모르며, 또한 성경이 말하는 바를 설명할 때 보다 더 초보적인 것부터 시작해야 할 필요가 있는 건 사실이지만, 우리는 복음을 전할 때 여전히 성경 말씀을 사용해야 합니다. 비록 사람들이 쉽사리 성경의 권위를 인정하지 않을지라도 그들은 우리 자신의 확실치 못한 이론보다는 성경의 가르침을 더 신뢰합니다.

1954년에 런던의 해링게이에서 있었던 빌리 그래함의 첫 대규모 전도 집회를 기억하고 있는 사람들이 있을 것입니다. 그 당시 교계 인사들은 1950년대 사람들은 성경을 잘 알지도 못하고 그 권위를 인정하지도 않기 때문에 성경 말씀으로 설교를 하는 것은 그들에게 전혀 효과가 없을 것이라고 말해 왔었습니다. 그러나 빌리 그래함이 언제나 성경을 펴 들고 "성경에 이르기를", "성경에 이르기를"을 반복하면서 복음을 전하자 연일 저녁 수많은 군중들이 모여들었고, 그 말씀에 귀를 기울였으며, 예수님을 영접했습니다. 신문들은 호기심을 느꼈고, 이 전도자의 설교의 영향력을 설명하기 위한 많은 이론들이 제시되었습니다. 그러나 적어도 한 가지 간과할 수 없는 사실이 있었습니다. 그것은 성경 말씀이 사람들의 마음을 찌르고 있었다는 사실입니다. 런던의 일간 신문의 한 기자는 그것을 "성경의 엄청난 영향력 앞에서 사람들은 기가 죽고 말았다"고 묘사했습니다. 현대인들에게 성경을 인용하는 것은 좋지 않다고 굳게 확신하던 사람들은 다시 한 번 생각해 보지 않을 수 없게 되었습니다.

선교에서 성경 말씀을 올바로 사용하는 일의 중요성을 결코 잊어서는 안 됩니다. 하나님을 아는 것의 필요성을 인식시키며 예수 그리스도 안에서 하나님을 만나는 방법을 보여 주는 데 성경 말씀이 놀랄 만한 일을 행한 실제 예들이 수없이 많습니다. 그런 사례들에서 종종 성경 말씀은 인간적인 설명을 가하지 않고 말씀 자체로만 주어졌습니다. 오늘날에도 여전히 하나님의 선교를 하고 있는 사람은 끊임없이 성경 말씀을 필요로 합니다. 우리는 자신의 메시지를 성경 말씀이라는 잣대에 비추어 검토해 보아야 합니다. 성경의 메시지를 현대인들이 이해할 수 있는 말로 전달하고자 노력해야 합니다. 전도해서 얻은 사람들이 자기의 감정이 아니라 하나님의 약속을 의지하도록 도와야 합니다. 믿음의 기초를 수시로 변하는 감정이 아니라 영원불변하는 말씀에 두도록 도와야 합니다. 그들이 매일 스스로 성경을 읽는 가운데 주님의 말씀을 듣도록 격려해야 합니다. 예수님처럼, 우리의 입술로부터는 자주 성경 말씀이 흘러나와야 합니다.

(8) 양자택일의 결단을 요구하심

우리는 흑백 논리로 사물을 보기를 싫어하는 시대에 살고 있습니다. 관용이 모든 미덕의 최고봉으로 격상되다시피 했습니다. 진리와 도덕적인 표준은 절대적인 것이 아니라 상대적인 것으로 간주되고 있습니다.

이러한 세대에 살고 있는 사람들에게는 예수님의 명쾌하고 절대적인 가르침에 직면한다는 것이 충격적인 일입니다. 우리는 찬성, 반대, 중립의 세 가지로 생각하는 데 익숙해 있지만 예수님께 관한 한 중립은 없습니다.

예수님께서는 "나와 함께 아니하는 자는 나를 반대하는 자요, 나와 함께 모으지 아니하는 자는 헤치는 자니라"(마태복음 12:30)고 말씀하신 적이 있고, "우리를 반대하지 않는 자는 우리를 위하는 자니라"(마가복음 9:40)고 말씀하신 적도 있습니다. 거기엔 중립이 없습니다.

예수님의 가르침도 마찬가지입니다. 멸망으로 인도하는 넓은 길이 있고, 생명으로 인도하는 좁은 길이 있습니다. 그러나 둘의 중간쯤 되는 길에 대한 언급은 없습니다(마태복음 7:13 이하). 아름다운 열매를 맺는 좋은 나무가 있고, 나쁜 열매를 맺는 못된 나무가 있는데, 우리는 이 둘 가운데 하나를 선택하게 되어 있습니다. 둘의 중간쯤 되는, 좋지도 나쁘지도 않은 나무가 되기로 선택할 수 있는 여지는 없습니다(마태복음 7:16-20). 반석 위에 지은 집이 있고, 모래 위에 지은 집이 있는데, 하나는 서 있고 하나는 무너집니다. 예수님의 말씀대로 사는지의 여부가 우리 삶이

앞에서 말한 두 집 가운데 어느 집과 같을지를 결정합니다. 어떤 중간 길도 제시되지 않았습니다(마태복음 7:24-27).

또한 예수님께서는 곡식과 가라지(마태복음 13:24-30), 좋은 물고기와 나쁜 물고기(마태복음 13:47-50), 부자와 나사로(누가복음 16:19-31), 바리새인과 세리(누가복음 18:9-14) 비유 등을 통해 사람들을 양자택일에 직면하도록 하셨습니다.

예수님께서는 여러 이슈들을 사람들 앞에 명확히 제시하셨습니다. 특히 사람과 하나님의 관계라는 기본적인 이슈를 그렇게 하셨습니다. 예수님께서 하신 방법으로 이슈들을 제시하는 것은 언제나 더 어렵고 인기도 없었지만, 예수님께서는 나타날 결과에 개의치 않으시고 시종일관 성실하게 사람들을 대하셨습니다.

우리는 항상 예수님의 방식을 따라 선교를 해야 합니다. 자칫하면 세상의 풍조에 맞게 우리 복음에 가위질을 하며 예수님께서 만들어 두신 명확한 구분을 희미하게 만들기가 쉽습니다. 과거에 우리가 하나님의 복음을 잘 모를 때 양자택일의 결단을 하도록 도와준 사람들이 있습니다. 그들은 우리로 그리스도 안에서 하나님의 제안과 도전에 직면하도록 해주었습니다. 참으로 기쁘고 감사한 일입니다. 나는 지금도 나에게 복음을 명확하게 설명해 주신 분들을 잊을 수 없습니다. 그중 어느 목사님은 두 사람을 예로 들어 내가 결단을 내리도록 도와주었습니다. 하나는 예수님께 "아니요"라고 말하고 슬픈 기색을 띠며 제 갈 길을 간 사람(마가복음 10:17-22의 젊은 부자 관원)이요, 하나는 예수님께 "네"라고 말하고 기뻐하며 자기 길을 간 사람

(사도행전 8:26-39의 에디오피아 내시)이었습니다. 그 당시 학생이었던 나는 어떤 응답을 해야 하는지를 분명히 알게 되었습니다. 나는 예수님을 선택하였고, 예수님을 위해 살기로 결단하였습니다. 그날부터 나는 그리스도께 대한 올바른 헌신의 삶을 살기 시작했습니다. 내가 지금 확실히 알고 있는 것은, 비록 양자택일의 문제를 회피하기가 훨씬 더 쉽지만, 나 역시 예수님처럼 사람들로 하여금 양자택일에 직면하도록 도와주어야 한다는 것입니다.

(9) 주님 자신에 대한 명확한 믿음을 갖도록 이끄심

신약성경의 첫 세 복음서를 보면, 예수님께서는 처음에는 어떤 이유에서든 자신이 메시야라는 사실이 알려지는 것을 원치 않으셨다는 것을 알 수 있습니다. 예를 들면, 가버나움에서 무리들이 병 고침을 받고자 하여 모여들었을 때의 일을 누가는 이렇게 기록하고 있습니다. "여러 사람에게서 귀신들이 나가며 소리 질러 가로되, '당신은 하나님의 아들이니이다.' 예수께서 꾸짖으사 저희의 말함을 허락지 아니하시니 이는 자기를 그리스도인 줄 앎이러라"(누가복음 4:40-41).

그러나 자기가 누구인지에 대해 제자들이 알게 되고, 베드로가 가이사랴 빌립보에서, "주는 그리스도시요 살아 계신 하나님의 아들이시니이다"(마태복음 16:16)라는 위대한 신앙 고백을 하자, 예수님께서는 이렇게 말씀하셨습니다. "바요나 시몬아, 네가

복이 있도다. 이를 네게 알게 한 이는 혈육이 아니요 하늘에 계신 내 아버지시니라"(17절).

그 이후로 예수님께서 메시야라는 사실은 제자들과 예수님 사이의 비밀이었습니다. 그렇지만 예수님께서 부활하실 때까지는 제자들도 그 온전한 의미를 파악하지는 못했습니다. 적어도 첫 세 복음서에서 볼 때는 예수님께서 사람들이 "그분은 메시야다!"라고 분명히 말하도록 이끌기 위해 적극적인 조치를 취하시지 않는다는 느낌을 받습니다. 그러나 사람들로 하여금 자신이 죄를 용서할 수 있는 분이라는 믿음을 갖도록 이끄신 것은 확실합니다.

그 첫 번째 경우는 지붕을 뚫고 예수님께서 가르치고 계시는 방으로 달아 내린 중풍병자(마태복음 9:2-6)에게 예수님께서 "네 죄 사함을 받았느니라"고 하신 것입니다. 그러자 어떤 서기관들이 속으로 '이 사람이 참람하도다'라고 했습니다. 예수님께서는 그 생각을 아시고 말씀하셨습니다. "너희가 어찌하여 마음에 악한 생각을 하느냐? 네 죄 사함을 받았느니라 하는 말과 일어나 걸어가라 하는 말이 어느 것이 쉽겠느냐? 그러나 인자가 세상에서 죄를 사하는 권세가 있는 줄을 너희로 알게 하려 하노라." 그러고 나서 중풍병자에게 말씀하셨습니다. "일어나 네 침상을 가지고 집으로 가라."

예수님께서는 바리새인 시몬의 집에서 죄인인 여자(누가복음 7:36-50)에게도 그녀가 죄 사함을 받았다고 공공연히 선언하셨습니다. 예수님께서 그 여자에게 "네 죄 사함을 얻었느니라"(48

절)고 말씀하셨을 때, 중풍병자의 경우처럼 동석했던 사람들은 속으로 '이가 누구이기에 죄도 사하는가?'(49절) 하고 말했습니다. 이어서 예수님께서는 중요한 말씀을 한 마디 덧붙이셨습니다. "네 믿음이 너를 구원하였으니 평안히 가라"(50절). 그 여자가 자기 죄에서 구원을 얻은 것은 자신의 훌륭한 결단이나 자신의 사랑에 의해서가 아니라, 자신의 믿음 즉 그녀가 예수님께 둔 믿음에 의해서였습니다. 그 자리에서 이 말씀을 들은 사람들은 모두 그 의미를 이해하였습니다.

요한복음에는 예수님께서 자기에게 대한 명확한 믿음으로 사람들을 이끄신 실례가 더 많이 있습니다.

요한복음 1:43-51에서 예수님께서는 나다나엘로부터 "당신은 하나님의 아들이시오, 당신은 이스라엘의 임금이로소이다"라는 고백을 이끌어 내셨습니다.

요한복음 4:25 이하에서 예수님께서는 우물가의 여인이 오실 메시야에 대해 언급하자 "네게 말하는 내가 그로라"고 말씀하심으로써 그녀에게 자신이 메시야임을 드러내셨습니다.

그 뒤 사람들이 "우리가 어떻게 하여야 하나님의 일을 하오리이까?"라고 묻자, 그 질문에 대한 대답으로, 예수님께서는 "하나님의 보내신 자를 믿는 것이 하나님의 일이니라"고 말씀하셨습니다(요한복음 6:28 이하).

마찬가지로, 예수님께서는 자신이 고쳐 주신, 날 때부터 소경된 자가 쫓겨났다는 말을 들으시고 그를 만나셔서 "네가 인자를 믿느냐?"(요한복음 9:35)고 물으셨습니다. 그 사람이 "그가 누구시오니이까? 내가 믿고자 하나이다"라고 말하자, 예수님께서는 "네가 그를 보았거니와 지금 너와 말하는 자가 그이니라"고 대답하셨고, 이 말씀에 그는 "주여, 내가 믿나이다" 하면서 예수님께 절을 했습니다(36-38절).

나사로의 이야기에서, 예수님께서는 자신이 부활이요 생명이라는 사실과 자기를 믿을 때 얻게 되는 영생에 대해 말씀하신 후, 마르다에게 "이것을 네가 믿느냐?"라고 물으셨습니다. 그때 그녀로부터 놀라운 신앙 고백을 들으셨습니다. "주여, 그러하외다. 주는 그리스도시요 세상에 오시는 하나님의 아들이신 줄 내가 믿나이다"(요한복음 11:25-27).

부활하신 후 예수님께서는 도마에게 "믿음 없는 자가 되지 말고 믿는 자가 되라"고 말씀하시고, 도마로 하여금 "나의 주시며 나의 하나님이시니이다"라는 고백을 하게끔 이끄셨습니다. 우리가 의심 많은 도마라고 부르는 그의 이 위대한 신앙 고백을 듣고, 예수님께서는 "너는 나를 본 고로 믿느냐? 보지 못하고 믿는 자들은 복되도다"라고 말씀하셨습니다(요한복음 20:27-29).

올바른 때에 올바른 방법으로 자신이 인자(人子)요, 메시야 즉 그리스도요, 하나님의 아들임을 드러내는 것은 예수님의 선교의 한 부분이었습니다. 이 세 가지 칭호는 여기서 다룰 수 있는 정도를 넘어 더 상세하게 공부할 만한 가치가 있습니다.

많은 사람들이 생각하는 것처럼 '인자(사람의 아들)'라는 칭호가 예수님의 인성(人性)을 주로 시사하는 것은 아니었습니다. 때때로 그것은 마가복음 8:31("인자가 많은 고난을 받고… 죽임을 당하고 사흘 만에 살아나야 할 것을 비로소 저희에게 가르치시되")에서와 같이 예수님께서 당하실 수치를 묘사할 때도 사용되었고, 때로는 마가복음 14:62("인자가 권능자의 우편에 앉은 것과 하늘 구름을 타고 오는 것을 너희가 보리라")에서와 같이 예수님의 영광을 나타낼 때도 사용되었습니다. 구약성경에서는 그것이 일반적인 사람(시편 8:4), 왕국의 통치권을 부여받은 이 및 구름을 타고 오는 이(다니엘 7:13-14) 등을 지칭합니다. 예수님께서는 자신의 신성(神性)을 주장하실 때도 대개 이' 칭호를 사용하셨습니다.

'메시야 즉 그리스도'라는 칭호는 예수님께서 스스로에 대해 사용하신 경우보다는 다른 사람이 그분에 대해 사용한 경우가 더 많았습니다. 이 칭호는 '기름 부음을 받은 자'라는 의미를 가지고 있습니다. 물론 이 칭호는 유대인들이 구약의 예언의 성취로 다윗의 혈통에서 나타나기를 기대하고 있는, 오실 왕에 대한 칭호였습니다. 예수님께서 가장 공공연하게 자신이 메시야라고 시인하신 것은 대제사장 앞에서였습니다(마가복음 14:61 이하).

'하나님의 아들'이라는 칭호는 메시야라는 칭호보다 더 깊은 뜻을 가지고 있습니다. 복음서들은 예수님께서 세례를 받으실 때 하늘에서 "이는 내 사랑하는 아들이요, 내 기뻐하는 자라" 하는 소리가 들려왔다고 기록하고 있습니다(마태복음 3:17). 다시 한 번, 변화산에 올라갔을 때 구름 속에서 "이는 내 사랑하는 아들이요 내 기뻐하는 자니, 너희는 저의 말을 들으라"는 소리가 들려왔습니다(마태복음 17:5). 또한 예수님께서도 자신을 하나님의 아들이라고 부르고 계십니다(마태복음 11:25-27).

지금까지 예수님께서 사람들로 하여금 예수님 자신에 대해 명확한 믿음을 갖도록 이끄신 방법을 다소 상세하게 살펴보았는데, 이는 이 일이 우리의 선교 사역에서 매우 중요하기 때문입니다. 예수님의 여러 칭호가 담고 있는 의미는 그리스도인들이 선포해야 할 내용의 핵심입니다. 그리스도인은 단지 하나님의 사랑에 대해 말하거나, 예수님의 도덕적 교훈들을 지키도록 권면하거나, 사람들에게 격려의 말을 해주는 것 이상의 일을 해야 합니다. 그리스도인은 사람들로 하여금 그들 스스로, 예수님을 인자시요, 메시야[그리스도]시요, 하나님의 아들이시요, 죄를 사하여 주시는 구주(救主)시요, 우리의 삶을 드려야 할 주님이시요, 형제보다 더 가까운 친구시요, 우리를 데리고 나가 함께 사람들을 섬기시는 지도자로 믿고 의뢰할 수 있도록 이끌어 주어야 합니다.

사람들을 예수님께로 이끄는 것이 선교의 궁극적인 목표입니다. 이 세상에서 예수님을 아는 것만큼 중요한 것은 아무것도 없습니다. 왜냐하면 "유일하신 참하나님과 그의 보내신 자 예수 그리스도를 아는 것"(요한복음 17:3), 이것이 영생이기 때문입니다.

(10) 할 일을 주심

예수님께서는 자신을 믿게 된 사람들을 그냥 내버려 두지 않으셨습니다. 할 일을 주셨습니다.

예수님께서는 중풍병자에게 일어나 침상을 가지고 집으로 가라고 말씀하셨고(마태복음 9:6), 베데스다 연못가의 병자에게도 비슷한 말씀을 하셨습니다(요한복음 5:8). 예수님께 고침을 받은 문둥병자들은 그들이 깨끗해졌음을 선언하는 권위가 있는 제사장들에게 가서 그들의 몸을 보이라는 말씀을 들었습니다(마가복음 1:44, 누가복음 17:14).

예수님께서는 종종 자기가 병을 고쳐 준 사람들에게 그 사실을 다른 사람에게 알리지 말라고 하시기도 했지만 항상 그랬던 것은 아닙니다. 거라사인의 지방의 무덤 사이에 거하던 더러운 귀신 들린 사람에게는 "집으로 돌아가 주께서 네게 어떻게 큰일을 행하사 너를 불쌍히 여기신 것을 네 친속에게 고하라"(마가복음 5:19)고 말씀하셨습니다. 이 사람은 배에 오르시는 예수님을 따라가고 싶어 했는데, 주님께서는 이 사람에게 뭔가 할 일을 주어야겠다고 생각하셨던 것 같습니다. 이 사람이 매우 오랫동안 다른 사람들을 위해 건설적인 일이라곤 해보지 못했으리라는 것을 익히 짐작해 볼 수 있습니다. 새사람이 된 그는 이제 할 수 있는 일이 있었습니다. 그것은 집으로 가서 예수님께서 자기에게 해주신 일을 말하는 것이었습니다.

지금까지 우리는 예수님께서 사람들에게 할 일을 주셨다는 것을 살펴보았습니다. 그들은 그 일들을 통해 예수님께서 그들에게 해주신 일을 증거할 수가 있었습니다. 사람들이 그리스도를 믿도록 도와준 후 그대로 내버려 두는 건 위험합니다. 진정한 믿음은 언제나 행동을 낳습니다. 그러므로 우리가 그리스도께로 인도한 사람들에게 그들의 새로운 믿음을 증거할 수 있는 아주 명확한 방법들을 제시해 주는 것은 좋은 일입니다.

지금은 목사인 어떤 사람이 목사 지망생일 때 간증을 하는 것을 들은 적이 있습니다. 자신의 회심에 대해 설명한 후, 그는 "저의 양친은 제가 회심했다는 것을 알고 계셨는데, 제가 회심한 후부터는 집안일을 도와드렸기 때문입니다"라고 말했습니다. 예수님께서는 그에게 할 일을 주셔서 그의 새로운 믿음을 나타내게 하셨던 것입니다.

예수님께서 자신의 도움을 받은 사람에게 할 일을 주신 이러한 예뿐 아니라, 사람들이 예수님을 위해 일하게 하신 예도 많이 있습니다. 예수님께서는 모든 일을 자기 손으로 다 처리하는 유형의 지도자가 아니셨습니다. 섬기는 것이 은혜를 맛보는 길이라는 것을 알고 계셨기 때문에 사람들이 주님 자신을 도울 수 있는 방법들을 생각해 내셨습니다. 무리들이 에워싸 미는 것을 면키 위해 제자들에게 배를 대기시켜 두도록 요청하셨을 때(마가복음 3:9), 예수님을 태운 배의 노를 젓도록 요청하셨을 때(마가복음 4:35), 또는 예루살렘으로 타고 들어갈 나귀 새끼를 끌고 오라고 요청하셨을 때(마가복음 11:1-7), 최후의 만찬을 먹을 방을 준비하라고 요청하셨을 때(마가복음 14:12-16), 추측하건대 제자들은 그 요청을 특별한 은혜로 받아들였을 것입니다.

마찬가지로, 예수님께서는 사마리아인의 촌에 들어가 자신을 위해 길을 예비하는 일을 위해 다른 사람들을 보내셨고(누가복음 9:51-53), 나사로의 무덤의 돌을 옮기는 일을 다른 사람들에게 부탁하셨습니다(요한복음 11:38-40).

앞서 살펴보았듯이 자신을 소외자, 결함이 있는 자, 버림받은 자라고 느끼는 사람들에게 가끔 부탁을 하는 것은 그들에게 크게 도움이 될 수 있습니다. 그러나 우리가 지금 다루고 있는 예들은 그것과는 다른 종류입니다. 이 사람들은 건강하고 튼튼했습니다. 예수님께서는 그들의 건강과 힘이 좋은 용도에 쓰이게 하셨는데, 그것이 주님께는 도움이 되고 그들 자신에게는 축복이 되었습니다.

책임을 위임하는 능력은 지도자가 가져야 할 중요한 특성의 하나입니다. F. B. 마이어의 말처럼 "백 사람을 일하게 하는 것이 백 사람의 일을 하는 것보다 낫습니다." 그리스도인들 가운데는 그들의 은사나 재능이 지금은 사용되지 않고 있어 썩고 있는 것처럼 보이나 격려를 해주면 주님의 선교에 일익을 담당할 수 있는 사람들이 많이 있습니다. 교회에는 그들의 재능이 다른 사람들을 섬기는 일에 사용될 수 있는 사람들이 있습니다. 그들은 가족과 친구의 테두리 안에서만 계속 살 때보다는 다른 사람들을 섬길 때 그리스도를 더욱 깊이 알게 될 것입니다.

예수님처럼 우리도 사람들에게 할 일을 주는 것이 예수님의 선교에 도움이 될 수 있습니다.

(11) 메시지와 능력을 받기 위해 아버지께로 나아가심

복음서에는 예수님께서 사역 초기에 고향을 방문하신 기록이 있습니다(마태복음 13:53-55). 예수님께서 그곳의 회당에서 가르치시자, 사람들은 놀라서 말했습니다. "이 사람의 이 지혜와 이런 능력이 어디서 났느뇨? 이는 그 목수의 아들이 아니냐?"

요한복음은 예수님께서 성전에서 가르치실 때 유대인들이 한 비슷한 질문을 기록하고 있습니다(요한복음 7:14-18). "유대인들이 기이히 여겨 가로되, '이 사람은 배우지 아니하였거늘 어떻게 글을 아느냐?' 하니, 예수께서 대답하여 가라사대, '내 교훈은 내 것이 아니요 나를 보내신 이의 것이니라. 사람이 하나님의 뜻을 행하려 하면 이 교훈이 하나님께로서 왔는지 내가 스스로 말함인지 알리라'"(15-17절).

비슷한 말씀들이 요한복음의 다른 부분에도 나옵니다. 예수님께서는 이렇게 말씀하셨습니다. "내가 내 자의로 말한 것이 아니요 나를 보내신 아버지께서 나의 말할 것과 이를 것을 친히 명령하여 주셨으니, 나는 그의 명령이 영생인 줄 아노라. 그러므로 나의 이르는 것은 내 아버지께서 내게 말씀하신 그대로 이르노라"(요한복음 12:49-50). 또한 "내가 너희에게 이르는 말이 스스로 하는 것이 아니라 아버지께서 내 안에 계셔 그의 일을 하시는 것이라"(요한복음 14:10)고도 말씀하셨습니다.

예수님께서는 하실 말씀을 위해서뿐 아니라 나타내실 능력을 위해서도 하나님 아버지를 의뢰하셨습니다. 어떤 사람들이 예수님께서 귀신의 왕을 힘입어 귀신을 쫓아낸다고 하자, 예수님께서는 그 말에 대한 답변을 하시는 가운데, "내가 만일 하나님의 손을 힘입어 귀신을 쫓아내는 것이면 하나님의 나라가 이미 너희에게 임하였느니라"(누가복음 11:20)고 말씀하셨습니다. 마태복음에서는 "내가 하나님의 성령을 힘입어 귀신을 쫓아내는 것이면 …"(마태복음 12:28)이라고 되어 있습니다.

예수님께서 보여 주신 능력과 예수님께서 성령을 의뢰하신 것은 한데 연결되어 있는데, 이 사실은 예수님의 활발한 사역을 기록한 누가복음 앞부분에도 잘 나타나 있습니다. "예수께서 성령의 권능으로 갈릴리에 돌아가시니…"(누가복음 4:14). "병을 고치는 주의 능력이 예수와 함께하더라"(누가복음 5:17).

이처럼 하나님의 독생자이신 예수님께서는 하실 말씀과 나타내실 능력을 위해 자기 자신이 아니라 아버지를 의뢰하셨던 것입니다. 예수님께서 그러하셨다면 우리도 하나님을 전적으로 의뢰해야 합니다. 그렇지 않고서는 결코 우리의 선교 과업을 이루지 못할 것입니다.

전할 메시지를 받으려고 하나님께 나아간다는 것은 의자에 앉아 마음을 비우고 머릿속에 어떤 생각이 떠오르기를 기다리는 것을 의미하지는 않습니다. 우리에게 맡겨진 메시지가 무엇인지 이해하기 위해서는 먼저 예수님께서 부활하신 후 승천하실 때까지 그분의 교회에 주신 '지상사명(至上使命)'을 공부할 필요가 있습니다. 그리고 하나님의 선교에 참여하고자 하는 그리스도인은 마땅히 이 사명이 기록되어 있는 구절들을 주의 깊게 묵상해 보아야 합니다. 마태복음 28:18-20, 마가복음 16:15-16, 누가복음 24:46-49, 요한복음 20:21-23, 사도행전 1:4-8 등입니다.

이 구절들을 통해 초대교회 교인들이 자신들을 향한 예수님의 명령으로 명확히 이해하고 있었던 일이 무엇인지를 알 수 있습니다. 그것은 곧 온 천하에 다니며 만민에게 복음을 전파하는 것입니다. 예수 그리스도의 십자가의 고난과 부활, 그리고 그분의 이름을 믿음으로 얻게 되는 죄 사함을 예루살렘으로부터 시작하여 모든 족속에게 전파하는 것입니다. 가서 모든 족속으로 제자를 삼는 것입니다. 그들은 그리스도의 증인으로서 이것을 행하되, 있는 곳에서부터 시작하여 땅 끝까지 이르러 예수님을 증거하는 증인의 삶을 살아야 했습니다. 아무리 세월이 흐르고 시대가 어떻게 바뀌든, 자신을 그리스도인이라 고백하는 사람이라면 이 지상사명을 성취하기 위해 자신을 온전히 드려야 할 것입니다.

오늘날 이 지상사명을 성취하는 것이 과거보다 더 힘들다는 생각이 듭니까? 만약 그렇다면 이는 오직 우리가 전보다 더욱 우리의 메시지를 위해 하나님을 의뢰해야 함을 절감하게 할 뿐입니다. 예수님께서 자신의 말씀이 하나님께로부터 온 것이라고 선언하셨듯이 그리스도인은 모름지기 자기가 선교할 때 세상에 '제공'하는 것이 모든 시대에 적용되는 하나님의 말씀이라는 확신을 가져야 합니다. 우리는 현대 철학, 심리학, 사회학 등 세상 학문에서 뽑아낸 재료에다 약간의 기독교적 양념을 친 이른바 '최신 요리'를 세상에 '제공'하려고 해서는 안 됩니다. 각 세대는 복음이 사람들의 새로운 필요를 어떻게 충족시킬 수 있는지에 대해 새로운 통찰력을 얻을 수도 있고, 하나님께서는 지금도 그분의 말씀으로부터 새로운 깨달음과 진리를 드러내 주시기도 합니다. 그러나 그리스도인은 성경에 제시된 기독교 신앙의 기본 요소 가운데 일부를 마음대로 생략해서는 안 됩니다. 신약성경에 기록된 바 예수 그리스도께서 그분의 교회에 주신 지상사명에 충실하고자 노력해 온 많은 사람들은 사람들의 삶에 나타나는 복음의 능력을 볼 수 있었습니다.

예수님께서 교회에 주신 사명에 대해 이야기하면서 지금까지는 우리의 메시지를 위해 하나님께 의뢰해야 한다는 면을 주로 강조했습니다. 그러나 예수님처럼 우리는 능력을 얻기 위해서도 하나님 아버지께 나아갈 필요가 있습니다. 예수님의 지상사명의 요소 중 지금까지 언급하지 않았던 것, 즉 권세와 능력에 대한 예수님의 약속을 살펴보면 특별한 격려를 받습니다.

이 약속은 교회에 준 사명을 요약하고 있는 구절들 중 세 구절에 명확하게 나타나 있습니다. 마태복음 28:18-20에는 "하늘과 땅의 모든 권세를 내게 주셨으니, 그러므로 너희는 가서… 제자를 삼아… 가르쳐 지키게 하라. 볼지어다. 내가 세상 끝 날까지 너희와 항상 함께 있으리라"는 말씀이 있습니다. 누가복음 24:49에서 예수님께서는, "내가 내 아버지의 약속하신 것을 너희에게 보내리니, 너희는 위로부터 능력을 입히울 때까지 이 성에 유하라"고 하셨습니다. 사도행전 1:4-8에는 이렇게 기록되어 있습니다. "내게 들은 바 아버지의 약속하신 것을 기다리라.… 너희는 몇 날이 못 되어 성령으로 세례를 받으리라.… 오직 성령이 너희에게 임하시면 너희가 권능을 받고 예루살렘과 온 유대와 사마리아와 땅 끝까지 이르러 내 증인이 되리라."

하나님의 일을 하기 위해서는 성령의 능력을 의뢰해야 한다는 말에 대해 거의 모든 그리스도인이 입으로는 동의할 것입니다. 그러나 선교의 모든 영역에서, 하나님을 의뢰하고 있다는 생각은 우리 스스로 해나갈 수 있다는 생각으로 쉽사리 바뀔 수 있습니다. 모든 기독교 사역자, 설교자, 전도자, 목사, 교사, 상담자, 심방자, 사회 복지가, 또는 선교사는 아주 자만에 빠진 사람이 아니고는 자기의 한계점을 잘 알고서 사역을 시작합니다. 그러나 경험이 쌓여 감에 따라 자신감이 더해 가고, 하나님을 신뢰하던 것이 자기를 신뢰하는 것으로 바뀔 수 있습니다. 이를테면 '지난번에 이 일을 했을 때 사람들은 우리가 이 일을 잘했다고 했어. 그러니까 이번에도 이 일을 잘할 수 있을 거야'라고 생각할 수 있는 것입니다.

스스로를 부족하다고 느끼는 게 무슨 미덕인 양 생각하는 정반대의 오류에 빠지라는 말은 아닙니다. 성경적인 겸손이란 자기는 아무짝에도 쓸모없다는 확신으로 이루어지는 게 아닙니다. 그런 확신은 겸손보다는 믿음의 결핍을 의미합니다.

우리가 하나님의 일을 하면서 올바른 자신감을 키워 나간다면 보다 효과적으로 선교를 할 수 있습니다. 올바른 자신감이란 바울이 가지고 있었던 것과 같은 것입니다. "내게 능력 주시는 자 안에서 내가 모든 것을 할 수 있느니라"(빌립보서 4:13).

우리의 메시지와 능력을 위해 하나님께 나아간다는 것이 무엇을 의미하는지 보다 충분히 이해하려면, 그것이 예수님께 의미했던 바를 알아볼 필요가 있습니다.

첫째, 그것은 주님께서 자신의 사역을 위한 준비를 하지 않으셨다는 의미가 아닙니다. 예수님께서는 세례를 받으시기 전, 드러나지 않게 지내던 청년 시절 동안 사역을 준비하셨습니다. 또한 광야에서 40일 동안 시험을 받으실 때 자신의 사역에 수반될 여러 가지의 어려움에 대한 생각과 씨름하심으로써 사역을 준비하셨습니다. 또한 비록 복음서들에 예수님께서 무리들에게 가르치실 내용을 미리 준비하셨다는 언급은 없으나, 그분의 가르침이 즉흥적인 가르침 같은 인상을 풍기지는 않습니다. 비유들을 보면, 주의를 기울여 생각해 낸 것이라는 증거가 많이 있습니다. 기록된 말씀이 거의 대부분 직유법이나 은유법의 형태로, 또는 인상적인, 심지어 깜짝 놀랄 형태로 주어졌다는 사실은 예수님께서 말씀하시기 전에 말씀하실 내용뿐 아니라 방법도 깊이 생각하셨다는 것을 암시합니다.

마태복음 10:19 이하에서 예수님께서는 닥쳐올 핍박과 관련하여 제자들을 안심시키기 위해 이렇게 말씀하셨습니다. "어떻게 또는 무엇을 말할까 염려치 말라. 그때에 무슨 말할 것을 주시리니, 말하는 이는 너희가 아니라 너희 속에서 말씀하시는 자 곧 너희 아버지의 성령이시니라." 그런데 이 말씀에 앞서 '너희를 넘겨줄 때에'라는 단서가 붙어 있기 때문에 이 말씀은 어떤 사람들의 생각처럼 설교자가 설교 준비를 하지 않는 것을 정당화시켜 주는 것이 아님을 분명히 알 수 있습니다. 하나님께서 자신의 뜻을 사람들에게 전하시는 일에 동참하는 것은 위대한 특권이요 막중한 책임인 만큼 당연히 이를 위해서는 최선을 다해 주의 깊게 준비를 해야 합니다. 준비하지 않는 것은 게으른 것입니다.

둘째, 예수님께 있어서 메시지와 능력을 위해 하나님께 나아간다는 것은 하나님 아버지와의 조용한 친교를 위해 시간을 떼어 놓는 것을 의미했습니다. 물론 우리는 누가복음 4:42, 5:16, 6:12 등에 언급되어 있는 그런 시간에 예수님께서 하신 생각과 기도의 내용에 대해 직접적인 정보를 가지고 있지는 않습니다. 그러나 때때로 전후 문맥을 통해, 예수님께서 그런 시간에 생각하고 기도하기를 원하셨던 특별한 이슈가 무엇이었겠는지 추측할 수는 있습니다. 그 시간들이 주로 소위 '설교 준비'를 위한 것이었을 거라고 생각해서는 안 됩니다. 그러나 예수님께서 무리를 떠나 이러한 시간에 즐기신 아버지와의 친교는 메시지와 능력을 받기 위해 하나님을 의뢰하기 위한 요소라는 사실은 확실합니다. 예수님께 그러한 시간이 필요했다면 우리야 말할 필요도 없습니다.

예수님의 선교에 동참하고 있는 그리스도인들에게 있어서, 주님과 단둘이 갖는 조용한 교제의 시간과 대체할 만한 것은 아무것도 없습니다. 우리는 하루 중 가장 좋은 시간에 주님과 단둘이 만나 말씀을 듣고 기도하는, 이 주님과의 교제 시간을 가져야 합니다. 이 시간을 생명같이 여겨야 합니다.

어떤 사람은 이 시간을 너무 율법적으로 대합니다. 의무감에서 합니다. 그에게는 이 시간이 무거운 짐입니다. 이 시간에 대하여 성경에서 보여 준 것 이상으로 넘어서서는 안 됩니다. 이 시간을 위한 엄격한 규칙은 하나도 없습니다. 이 시간을 언제, 얼마 동안 가져야 하는가에 대해 정해진 것은 없습니다. 예를 들어 기도 시간을 많이 가지면 좋다고 해서 중언부언해서는 안 됩니다. 우리는 항상 예수님의 말씀을 기억해야 합니다. "또 기도할 때에 이방인과 같이 중언부언하지 말라. 저희는 말을 많이 하여야 들으실 줄 생각하느니라"(마태복음 6:7).

반면 어떤 사람은 주님과 교제하는 이 시간을 너무 편하게 대합니다. 하고 싶으면 하고 안 하고 싶으면 안 합니다. 이것은 편히 살고자 하는 태도요 게으름입니다. 우리는 타고난 게으름 때문에 당연히 해야 할 일을 안 하려고 핑계거리를 찾는 데 빠릅니다. 기도는 현재 가속적으로 진행되고 있는 세속화 과정에서 급속도로 평가 절하되고 있습니다. 분명한 것은, 주님과의 교제를 가볍게 여기는 것은 또한 그 과정의 바람직하지 않은 특성들 가운데 하나라는 사실입니다.

기도가 없으면 사람 속에 공허감이 생기게 됩니다. 최근 동양의 명상 기술에 관심을 보이는 사람들이 늘고 있는데, 그것은 사람들 속에 공허감이 있다는 증거입니다. 하지만 우리 그리스도인들에게는 이보다 훨씬 좋은 해결책이 이미 있습니다. 그것은 살아 계신 하나님과 매일 교제하는 것입니다. 하나님과의 교제는 항상 열려 있습니다. 주님께서는 항상 우리를 기다리고 계십니다. 어떤 형태로든 어떤 수준으로든 예수님의 선교에 동참하고자 하는 그리스도인은 메시지와 능력을 받기 위해 하나님께 나아가야 하며, 이를 위한 가장 좋은 방법은 주님과의 교제를 위해 시간을 따로 떼어 놓고 그 시간을 성실하게 지켜 나가는 것입니다.

많은 그리스도인들은 실제로 선교에 동참함으로써 말씀과 기도의 필요성을 절실히 깨닫게 됩니다. 성경을 읽고 기도를 하라고 요구해도 많은 사람들은 냉담하기만 합니다. 그러나 그들에게 하나님을 위해 뭔가를 하도록 요청하면, 종종 그들은 자신들이 부족하다는 것을 깊이 느끼게 되고, 따라서 말씀을 섭취하고 기도하게 됩니다. 복음 전도에서든 섬기는 일에서든, 나누어 주려면 먼저 섭취해야 한다는 사실을 결국은 깨닫게 될 것입니다.

섭취하고 그리고 나누어 주는 것, 이것이 건전한 그리스도인의 삶의 패턴입니다. 섭취하지는 않고 나누어 주기만 하면 고갈되고 말 것입니다. 나누어 주지는 않고 섭취만 하면 곧 포화 상태에 이르게 됩니다. 예수님께서는 매일 나누어 주셨고, 그래서 매일 섭취하셔야 했습니다. 마찬가지로 세상에서 그리스도의 대사로서의 임무를 수행하고 있는 그리스도인은 매일 나누어 주고 있을 것이요, 따라서 매일 섭취할 필요가 있습니다.

메시지와 능력을 받기 위해 하나님께 나아가는 예수님의 방식에 대해서 덧붙일 것이 하나 더 있습니다. 우리는 예수님께서 아버지와의 교제를 즐기신 특별한 시간들에 대해 상당히 많이 다루어 왔습니다. 그러나 이것이 이야기의 전부는 아닙니다. 예수님께서는 제자들에게, "내가 아버지 안에 있고 아버지께서 내 안에 계신다"(요한복음 14:11)고 말씀하셨습니다. 주님께서는 메시지와 능력을 얻기 위해 지정된 기도 시간들에만 하나님께 나아가신 것이 아니라 매 순간 하나님과 동행하셨습니다. 위급한 순간뿐 아니라 밤이든 낮이든 어느 때라도 하나님과의 '통화'가 가능했던 것입니다.

하나님께서 언제나 우리의 기도를 들으신다는 사실 또한 그리스도인이라면 잘 알고 있지만, 우리가 하나님의 임재를 항상 맛보고 있는 것은 아닙니다. 사실 우리는 언제나 하나님의 임재를 누릴 수 있는데도 불구하고 말입니다. 앞서 인용한 요한복음 14:11 다음에 나오는 예수님의 말씀은 이미 말씀하신 바 아버지와의 끊임없는 교제 가운데로 제자들을 이끌었습니다. 예수님께서는 "내가 아버지 안에 있고 아버지께서 내 안에 계신다"(11절)고 말씀하셨을 뿐 아니라, "내가 아버지 안에, 너희가 내 안에, 내가 너희 안에 있다"(요한복음 14:20)고 말씀하셨습니다. 그들의 임무는 과실을 맺는 것인데, 그것은 예수님께서 그들 안에 거하시듯이 그들도 예수님 안에 거할 때 성취될 수 있었습니다(요한복음 15:4-5).

우리는 선교에 필요한 모든 사항을 충족시킬 수 있습니다. 왜냐하면 우리도 메시지와 능력을 받기 위해 하나님께 나아갈 수 있기 때문입니다. 성령 또한 우리 안에 거하십니다. 영원토록 우리와 함께 거하십니다(요한복음 14:16-17). 삼위일체 하나님께서 우리의 선교의 자원이 되십니다. 강단에 선 목사, 의료 선교를 하는 의사나 간호사, 직장에서 일하면서 주위 사람들에게 복음을 전하는 직장인, 개발도상국에서 사회봉사를 하는 그리스도인, 담 너머로 이웃집 사람에게 전도를 하는 가정주부, 학교에서 전도하기 위해 방법을 찾고 있는 학생, 믿지 않는 가정에서 힘들게 신앙생활을 하는 그리스도인 등, 이 모든 사람은 다음 말씀이 그들에게 사실임을 알 수 있습니다.

내게 능력 주시는 자 안에서 내가 모든 것을 할 수 있느니라. (빌립보서 4:13)

예수님의 선교

초판 1쇄 발행 : 1987년 6월 12일
개정 1쇄 발행 : 2011년 12월 26일

펴낸곳: 네비게이토 출판사 ⓒ
펴낸이: 조 성 동
주소: 120-600 서울 서대문 우체국 사서함 27호
120-836 서울시 서대문구 창천동 497
전화: 334-3305(대표), 334-3037(주문), FAX: 334-3119
홈페이지: http://navpress.co.kr
출판등록: 제10-111호(1973년 3월 12일)

ISBN 978-89-375-0424-2 03230

본 출판사의 서면 허락 없이는 본서의 전부 또는
일부의 무단 복제, 또는 원문에 대한 무단 번역을 금합니다.